# 防災、教育、民族からみた
# 多相なるネパール

神戸ユネスコ協会・2017年
ネパール国際ボランティア

安井 裕司・陳 秀茵・森 佳子 編著

ふくろう出版

# 目次

運命との対峙：「今ここから、やれること」の可能性と普遍性 ……………… 1

ネパール国際ボランティアの意義 ……………………………………………… 3

## 第一部　ネパール国際ボランティアの概要 …………………………………… 5

1　計画書 ……………………………………………………………………… 7

2　参加者 ……………………………………………………………………… 7

3　日程 ………………………………………………………………………… 8

4　費用 ………………………………………………………………………… 8

## 第二部　ネパール訪問記（2017年9月1日〜9月9日）……………………… 9

(1) Dust Gets In Your Eyes「埃が目に染みる街」カトマンズ ………… 11

(2) カレーは手掴みで食べなければいけない ……………………………… 13

(3) 笑顔についての考察 …………………………………………………… 15

(4)「寺子屋」の終了と教育支援の継続の必要性 ………………………… 16

(5) どうやって手工品を市場で売るかを考えるボランティア ………… 18

(6) ネパールの小学校で避難訓練 ………………………………………… 19

(7) それで、忍者はいるのか？ …………………………………………… 20

(8) バイクがなければデートができない ………………………………… 22

(9)「生き神様」クマリの最後の仕事 …………………………………… 23

(10) You're Beautiful ……………………………………………………… 24

(11) 次、どこにいきましょうか？ ………………………………………… 26

## 第三部　学生による研究概要 …………………………………………………… 27

ネパールにおける民族問題と異民族間の結婚 ………………………… 29

ユネスコスクールの国際交流 …………………………………………… 32

　　　─カトマンズ市・ギャラクシー高校と兵庫県立北須磨高校の例から─

ネパールにおける「寺子屋」と成人女性教育 ………………………… 36

第四部　研究報告 .................................................................................... 39

　　ネパール人日本留学生の漢字学習意識と学習ストラテジーについて ........................... 41

　　　　―予備調査とネパール語調査票の公開―

　　留学生による母国におけるボランティアの実践と課題 .................................... 63

　　　　―神戸ユネスコ協会青年部主催のネパール社会貢献活動を例にして―

第五部　避難訓練マニュアル（ネパール語） ......................................... 73

クロスロードとしての国際ボランティア:カトマンズから２年を顧みて ..................... 87

編者紹介 .................................................................................... 89

# 運命との対峙：「今ここから、やれること」の可能性と普遍性

神戸ユネスコ協会理事・森佳子

神戸ユネスコ協会青年部がネパールで日本型の防災訓練を伝えるボランティアをしたいと企画し、2017 年 9 月に実行してから 2 年が経ちました。無我夢中で過ごした 1 週間でしたが、今、振り返りますと、客観的にその意義が見えてくるように感じます。

まず、第一に参加した学生、理事がボランティアを通じて、ネパールで人々と触れ合い、共同作業をしたことこそがユネスコが提唱する平和社会の礎になったのではないかということです。それは、単に 1 週間の時間ということではなく、後述されるように帰国後も兵庫県立北須磨高校とカトマンズのユネスコ・スクールであるギャラクシー高校との交流に発展したように各方面で繋がっていったのです。

第二に、「繋がり」が共助共感に基づいているということです。一方的な金銭援助ではなく、私達の避難訓練が共感を得られ、支持され、またそのことは私達の防災意識も高めることになりました。まさに共助共感が根底にあったからこそ、1 週間の滞在がそれ以上の意義を持ちえたと考えます。

第三に、2015 年に大地震を経験し、沢山の尊い命が失われたネパールにおいて、同じく 1995 年に阪神・淡路大震災の被害を受けた神戸のユネスコ協会を代表して私たちが現地を訪れたからこそ、共助共感を得られたのです。1995 年の神戸震災の経験に耳を傾けてくれたネパールの人たちに感謝し、震災を共に乗り越える意志を共有できたことは、阪神淡路大震災で被災者の 1 人としても大変嬉しく思います。

第四に、特にネパールで震災後、一生懸命頑張っている沢山の子供と女性の姿を拝見できたことも幸甚でした。子供や女性等の社会的弱者を置き去りにしない持続可能な社会の構築こそがユネスコ精神の骨子であるでしょう。

最後に今回、ネパール国際ボランティアの参加した神戸ユネスコ協会青年部の留学生たちが（ネパール人留学生にとっては母国ですが）、ネパールの格差社会を直視しながら、富裕層、貧困層を隔てることなく交流したことは単なる支援活動を越えた経験となったことを疑いません。

学生たちもボランティア活動を通じて、利他の価値観の重要性を知り、学生自身も真の意味で自身の人間形成となったと信じます。若い学生ばかりではなく、私たち理事、教員

も同様であり、大きく世界に目を開き、自分の足元を見つめ直し、生き方をも変える節目となりました。

　いくつになっても人は、「今いる場所で、今できること」をすることしかできません。震災の被害を受け止め、一生懸命生きるネパールの人々から私たちは「今ここから」始めることの重要性を教えて頂きました。人は様々な運命を受け入れていかなくてはなりません。しかし、受け入れた上で絶望することなく、それぞれの場で「今ここからやれること」をやるしかないのです。

　何をすべきかは各々が其々の立場で考えていかなくてはいけないことでしょう。それは、また場所（国）によっても違うのですが、しかし、不思議なことに皆が「ここから」頑張る熱意は、立場や場所を越えて普遍的なのです。沢山の「ここから」の熱意が他国、同国の他者に伝わり、国を越えて「交流」となった時、世界は変わるのではないかと思わずにはいられません。

　国際ボランティアに参加した学生たちはこの２年間それぞれの目標を胸に歩き始めています。私自身、ネパールに行き、自分たちの「人生のここから」（出発点）を見つけられたことを感謝しています。

# ネパール国際ボランティアの意義

神戸ユネスコ協会理事・日本経済大学専任講師　陳秀茜

神戸ユネスコ協会は 2015 年、2016 年と「カンボジア国際ボランティア」と称し、カンボジアのコンポンチュナン州・ロミアス村のストイックアイトロミア小学校において教育支援を行ってきました。その延長上に 2017 年、ネパール国際ボランティアが企画されました。

参加者は留学生 10 名（中国、ベトナム、ネパール、モンゴル）、理事・教員 3 名（中国、日本）の多国籍チームでした。共通語は当然ながら日本語です。

目的は日本型の避難訓練を伝えることでした。ネパール語の避難訓練マニュアルを作成し、子供たちに配りながら防災訓練をしました。訓練に関しましては阪神・淡路大震災の際、小学校の校長を務められておられました森佳子先生（神戸ユネスコ協会理事）にリードして頂きました。森先生がいらっしゃらなければ、日本型の避難訓練をネパールで再現することができなかったと思います。森先生のご尽力に心から感謝致します。

その上で、2017 年のネパール国際ボランティアには、日本で学ぶネパール人留学生が 4 名参加しており、母国でのボランティア活動となりました。

周知の通り、グローバリゼーションでアジア各国は著しい経済成長を遂げており、発展途上国への経済支援はターニングポイントを迎えております。アジア各国の首都を訪れれば一目瞭然ですが、途上国は以前と比較し豊かになり、もはや途上国とは言えない国が少なくありません。そのような中、どのような支援がベストなのかを考えれば、物やお金を提供することではなく、知識や経験の共有となってくるのではないでしょうか。そうなった時、「支援」は「交流」に変化していくのでしょう。

そして、日本で学ぶネパール人留学生が母国で防災ボランティアをすることは、まさに時代の最先端にあるように思えるのです。

ネパール国際ボランティアから 2 年が経ちました。2019 年、神戸ユネスコ協会では、ネパールの貧困地域における「寺子屋」（Communiy Learning Centre）でのインターンシップを実施しました。諸般の事情があり報告書の出版が遅れましたが、次の企画前に 2017 年の国際ボランティアを纏めることができたことは大変嬉しく思います。

この報告書は、ネパール語の避難訓練マニュアル等、出発前の準備と 2017 年に早稲田大

学 QuonNet のブログに安井先生が連載されました訪問記など旅行中の記録と、その後を含めた学生たちの研究成果、そして、2理事による研究論文から成立しています。

　2年という期間を「2017年ネパール国際ボランティア」に参加した私たちの成熟の時間として捉えて頂ければ幸いです。

第一部　ネパール国際ボランティアの概要

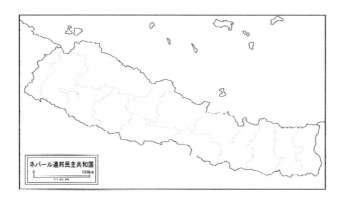

## 1 計画書

<table>
<tr><td colspan="2" align="center">2017 年ネパール国際ボランティア</td></tr>
<tr><td>主催</td><td>神戸ユネスコ協会・日本経済大学神戸三宮キャンパスユネスコクラブ</td></tr>
<tr><td>目的地</td><td>ネパール・首都カトマンズとラリットプール郡、ラリットプール郡、バクタプール郡</td></tr>
<tr><td>目標目的</td><td>・日本型の避難訓練を 2015 年に被災したネパールの小学校、中学校、高校で行い、ネパールにおいて防災意識を喚起する。<br>・ネパール・カトマンズ市内のユネスコスクールを訪問して、日本のユネスコスクールとの交流の橋渡しをする。</td></tr>
<tr><td>日程</td><td>9 月 2 日－9 月 9 日</td></tr>
<tr><td>主な内容</td><td>(1) 日本ユネスコ協会連盟が現地の NGO パートナーである National Resource Centre for Non-formal Education と共に運営する「寺子屋」の視察と支援。<br>(2) ネパール語の避難訓練マニュアルを作成・持参し、ユネスコスクールを中心とする現地の小学校、中学校、高校での避難訓練。</td></tr>
<tr><td>費用<br>（目安）</td><td>①飛行機代：関西空港－カトマンズ（50000 円ぐらい）<br>②宿泊費：1 泊 2000 円ぐらい<br>③交通費：1 週間 1 万 5 千円ぐらい<br>④ 食費：1 日 2000－3000 円ぐらい</td></tr>
<tr><td>応募締切</td><td>2017 年 6 月 30 日</td></tr>
<tr><td>応募先</td><td>日本経済大学神戸三宮キャンパス　安井研究室</td></tr>
</table>

## 2 参加者

| 名　前 | 所属（2017 年現在） | 国籍 |
|---|---|---|
| 森　佳子 | 神戸ユネスコ協会理事、日本経済大学講師 | 日　本 |
| 安井　裕司 | 神戸ユネスコ協会理事、日本経済大学教授 | 日　本 |
| 陳　秀茵 | 神戸ユネスコ協会青年部部員、神戸大学博士後期課程 2 年 | 中　国 |
| Tamang Raju | 神戸ユネスコ協会青年部部員、日本経済大学経済学部 3 年 | ネパール |
| Rabindra Kandel | 神戸ユネスコ協会青年部部員、日本経済大学経済学部 2 年 | ネパール |
| Nyure Suman | 神戸ユネスコ協会青年部部員、日本経済大学経済学部 2 年 | ネパール |
| Padhya Dharma Raj | 神戸ユネスコ協会青年部部員、日本経済大学経済学部 1 年 | ネパール |
| 温　暁亜 | 神戸ユネスコ協会青年部部員、日本経済大学経済学部 4 年 | 中　国 |
| 郭　敦建 | 神戸ユネスコ協会青年部部員、日本経済大学経済学部 4 年 | 中　国 |
| Enkhtsetseg Davaadorj | 神戸ユネスコ協会青年部部員、日本経済大学経済学部 3 年 | モンゴル国 |
| Huynh Thanh Huyen | 神戸ユネスコ協会青年部部員、日本経済大学経済学部 3 年 | ベトナム |
| Le Thi Hong Van | 神戸ユネスコ協会青年部部員、日本経済大学経済学部 2 年 | ベトナム |
| Pham Van Cong | 神戸ユネスコ協会青年部部員、日本経済大学経済学部 2 年 | ベトナム |

## 3 日程

| 月　　日 | 内　　容 | 宿泊地 |
|---|---|---|
| 9月1日（金） | 関西国際空港発<br>（タイ航空を利用してバンコク経由でネパール・カトマンズへ；学生は、中国南方航空を利用し、雲南省昆明経由カトマンズ入り） | バンコク泊 |
| 9月2日（土） | カトマンズ着 | カトマンズ泊 |
| 9月3日（日） | 午前：ラリットプール郡マハーラクシュミ市「シディプール寺子屋」【寺子屋支援】<br>午後：①日本ユネスコ協会連盟のネパールのパートナーNational Resource Centre for Non-formal Education（NRC-NFE）本部訪問<br>　　　②ラリットプール郡「クンベシュワール寺子屋」【寺子屋支援】 | カトマンズ泊 |
| 9月4日（月） | 午前：「チッタプール寺子屋」に隣接するShree Deujagaun Elementary School訪問【避難訓練実施】<br>午後：バクタプール市Shree Baradayani Lower Secondary School訪問【避難訓練実施】 | カトマンズ泊 |
| 9月5日（火） | インドラ・ジャートラー祭【市内観光】 | カトマンズ泊 |
| 9月6日（水） | カトマンズ市内のユネスコスクール訪問と【避難訓練実施】（4校）<br>Nandi Secondary School ; Mahendra Bhawan School ; Galaxy Public School ; Nandi Ratri Secondary School ; | カトマンズ泊 |
| 9月7日（木） | カトマンズ発 | 機内泊 |

## 4 費用（学生1人分、朝食以外の食事代は含まれない）

| 名　目 | 詳　細 | 価　格 |
|---|---|---|
| 飛行機代（往復） | 関西国際空港～カトマンズ空港（往復） | 中国南方航空利用（約4万円） |
| ホテル代5泊（カトマンズ） | 1部屋2人利用 | 10,000円（1人分） |
| ネパール国内　バス代 | ネパールにおける7日間の小型バス代 | 15,000円（1人分） |
| 日本国内　空港バス代 | 神戸～関西国際空港（往復） | 3,080円 |
| 保険代 | 旅行保険 | 2,500円 |
| | 合　計 | 70,580円（学生） |

第二部　ネパール訪問記（2017 年 9 月 1 日〜9 月 9 日）

＊第 2 部は、早稲田大学 QuonNet ブログ「グローバル化は足元からやってくる」(安井裕司)(2017 年 9 月-10 月連載)の内容を安井が加筆修正したものです。

第二部　ネパール訪問記（2017年9月1日～9月9日）

## (1) Dust Gets In Your Eyes「塊が目に染みる街」カトマンズ

　神戸ユネスコ協会理事/日本経済大学ユネスコクラブ顧問として、2017年9月1日～9月9日までネパールでボランティア活動に従事してきました。個人的には、ネパール地震後の2017年9月に訪問しており、個人的には2回目となりました。今回は、私1人ではなく、学生11名、神戸ユネスコ協会理事2名の合計13名の団体です。学生は日本に学ぶ留学生が中心となっており、国籍別としては日本（2名）、ネパール（4名）、ベトナム（3名）、中国（3名）、モンゴル（1名）の5カ国に跨る多国籍チームでした。

　9月1日、私は関西空港発（17:25）のタイ航空便で、ネパールのカトマンズに向かいました。もっとも、私と同行したのは2名だけで、母国に一時帰国している中国人学生たちは、中国ルートでそれぞれ各地から中国の雲南省昆明経由でカトマンズへ、ベトナム人の3人も、関西空港発の格安チケットで、中国東方航空便を利用して、2回（上海と昆明）乗り換えてカトマンズ入りしました。学生たちの多くが利用した2回乗り換えのこの航空券は往復約4万円という文字通り格安なのですが、昆明で1泊しなければならないのです。

　このルートを何度も使っているネパール人学生によれば、謎のインド人（バングラデッシュ人の時もあるとか）が空港に迎えに来てくれ、送迎と宿泊込みで2000円という破格の値段でサービスしてくれるそうです（私が、事情通の学生に「空港の近くに宿泊するのですか」と尋ねたところ、「山の方に行きます」とのことでした）。

　数カ月前、「先生もどうでしょうか」と私も、学生たちから昆明経由を誘われていました。正直、謎のインド人のサービスには興味がありましたが、2ストップは体力的に自信がなく、タイ航空利用のバンコク経由で一足先にカトマンズに入ることにしました。

　ちなみにタイ経由の場合、往復で航空券は8万円弱でした。昆明経由組は、私たちよりも先に関西空港を出発したのですが、到着はかなり後でした。飛行機は、同じ目的地ならば、長時間乗れば乗る程、値段が安くなるという事実を改めて確認することになりました。

写真1. 出発前に関西空港

写真2. 出発の飛行機

　写真3．往路の飛行機内のラズ君　　　　　　　写真4．カトマンズ・トリブバン国際空港に到着

　タイ航空は快適でした。関西空港からはバンコクまではほぼ満席でしたが、バンコクからカトマンズのフライトは、席も適度に空いており、例によって窓側からいっぱいになっていました。窓側に座っている人は、ネパール人が多く、ネパール人は飛行機に乗る際、窓際の席を好むことを2年前に学んだことを思い出しました。私たちと同行した日本経済大学ユネスコクラブの代表のネパール人留学生・ラズ君は、窓際に座れなくて、残念そうに通路側に座っていました。

　私たちタイ経由組は、9月2日のお昼過ぎにカトマンズのトリブバン国際空港に着きました。前述のラズ君の従弟が車で迎えにきて下さっていました（ラズ君は自分の従弟の顔が、ある相撲レスラーに似ているというのですが、関取も多国籍化しているので、それは日本人に似ているという意味にならないと思いながら、言葉にはしませんでした）。前述の通り、私はちょうど2年前にカトマンズに来ています。その時、大地震の後4カ月しか経ていない時期で、地震の大きな爪痕が至る所で見られました。今回は、人生2回目のネパールでしたが、個人的には2年前と比較して復興の度合いを見てみたいと考えていました。

　空港から市内に入ると、例によって「埃」が舞っていました。2年前同様、道路が埃だらけであり、それが舞い上がり、煙のようになっています。早速、車内にいながらも、マスクをして対応したのですが、この時から毎日、日本製の白いマスクが茶色になる日々が続くことになります。この「埃」は道路工事の不備からコンクリートが剥げてしまい、カトマンズ市内の交通量が増えていることもあり、砂埃が常に舞っているのです。

　それでは、どうしてコンクリートが剥げるようないい加減な工事をしたのかということですが（一言でいえば、都市計画の失敗なのですが）、工事を請け負った会社がコスト安く上げるため（利益のため）、手を抜いたというのが通説のようです。

　私たちの4人のネパール人学生たちは、工事会社の社員は皆、豪邸を立てたという噂が

第二部　ネパール訪問記（2017年9月1日〜9月9日）

あるという都市伝説のような根拠のない話をしていましたが、とにかく、ヒマラヤの国の首都カトマンズの埃はある意味でシンボルになりつつあります。前出のンス君は、私たちの滞在期間中、親戚の家に泊まり、私たちのホテルに毎日バイクで通ったのですが、ヘルメットを取ると目が真っ赤で「埃が目に染みます」と泣いていました。日本の留学生である彼にとって、カトマンズの埃は私たち同様苦しかったようです。しかし、どうしてカトマンズが埃の街になってしまったのか、誰か本格的に研究して欲しいものです。

## （2）カレーは手掴みで食べなければいけない

　カトマンズ滞在1日目は、各地からチーム全員が集まる日でした。モンゴル人学生の通称エナさんが、何と本名が長過ぎて全部をチケットに記載していなかったという理由で飛行機に乗れず、到着できませんでしたが、他全員が集合しました。宿泊先は、カトマンズ市内の繁華街タメル地区にある1泊1部屋（2人）3,000円〜4,000円の部屋でしたが、現地では3星から4星とされており、部屋も広く、比較的良いホテルでしたが、2年前と同様、水は黄色でした。最初の夕食は、ホテルの数軒隣の何でもレストランに行きました。そこで、ネパール・カレーを食べたのですが、折角ならばネパール風にということで、私たちのネパール人学生が右手で手掴み食べる正式な食べ方を教えてくれました。子供の頃、手で食べることを怒られてきた日本人、中国人学生たちは難しいのですが、ネパール人学生は見事に美味しく食べてくれます（写真6）。文字通り、手真似で私たちもやってみるのですが、なかなかリズムよくはできませんでした。

　ただ、周りを見渡すと、手で食べている（食べようとしている）のは私たちだけでした。明らかにネパール人とみられる人々もネパール・カレーをスプーンを使って食していまし

写真5. ネパール・カレー

写真6. お手本を見せてくれる学生

写真7.「モモ」という名のネパール餃子　　　　　　　　　　　　　写真8. 赤いピリ辛「モモ」

た。それもまた、大都市カトマンズの一面なのかもしれません。それから、そこでネパール人学生に勧められ、「モモ」（写真7）と呼ばれる蒸し餃子を食べました。とても美味しく、それから毎日、私たちのチームの誰かが「モモ」を注文し続けることになりました。

　食事が終わり、ホテルの3Fにある部屋に戻りますと頭の上から音楽がガンガン鳴り響いてきます。最上階の5Fのバーで、何やらコピーバンドがちょっと昔（80年代～00年代）のヒット曲を生演奏しているのです。お客はそれに合わせて合唱しているので、集団カラオケのような感じです。これもネパール人の学生に聞いたところ、カトマンズ市内のこのランク（3星、4星）のホテルには最上階がカラオケ・バーもしくは生演奏バーになっているところが多いそうです。「先生、このぐらいのホテルならば、どこも同じです」と言われても、騒がしく眠れないので、レセプションに聞いてみると12時には演奏が終了するということでした。「オアシス」等の名曲の合唱に耳を傾けながら翌日からのボランティア活動に備えるべく、ベットに入りました。目を閉じると、そういえば、2年前に訪れた際、市内を歩いていると、カレーの匂いと野良犬の遠吠え（野良犬が本当に多い町でした）と共に、どこからかボビー・マクファーリンの「Don't Worry, Be Happy」の口笛が流れてきたことを思い出しました。

　昔の音楽に乗って別の世界にやってきた（同時にタイムスリップしたような）感覚になってきます。でもそれが私の知っている思い出のある曲なので、余計に何かズレているような気がするのです。なかなか寝付けないまま夜が更けていきました。

第二部　ネパール訪問記（2017年9月1日～9月9日）

## （3）笑顔についての考察

　カトマンズ滞在2日目は、前夜の生演奏カラオケ劇場（宿泊ホテルの5F）が朝食会場となっていました。女性にとても優しい（従って私には不愛想な）男性ウェイターに何とかイングリッシュ・ブレックファーストをお願いし、コーヒーを2杯頂きました。

　さて、本題のボランティアです。今回のボランティアは2つの目標がありました。まず、日本ユネスコ協会連盟が現地のNGOであるノンフォーマル教育ナショナル・リソースセンター（National Resource Centre for Non-formal Education）（NRC-NFE）と共に運営しています「寺子屋」と呼ばれるコミュニティ・ラーニング・センターを訪問し、授業をお手伝いすることです。もう一つは、現地の小学校、中・高校を訪れ、地震時の避難訓練を行うことでした。NRC-NFEは2年前に訪問した際もお世話になったNGOで、今回も男性スタッフのサークラさんが私たちにお付き合いくださいました。まず、最初に、チャーターした15人乗りのマイクロバスに乗って、カトマンズ市内から30分程のラリットプール郡マハーラクシュミ市「シディプール寺子屋」に行きました。私が、2年前にその「寺子屋」を訪問した際は、震災直後で授業どころか人々の仮設住宅となっていたのですが、今回は電気工事士になるための短期講習が行われていました。

　「寺子屋」は全国平均で60％台という低い識字率を向上するために運営されてきましたが、カトマンズ周辺では識字率が上昇してきたこともあり、簡単な職業訓練講習に変わりつつあるのです。その理由は、文字が読めただけでは直接的に職に結び付かないということが大きいと考えられます。文字を読めることは生きていく上で、非常に大切ですが、現代社会で食べていくためには十分ではないのです。この講習への参加者は、ざっと20人で年齢層は10代から40代までと幅が広かったのですが、全員地元の人たちで、地元で仕事をするために技術を身に付けたいということでした。私たちは、職業訓練授業に参加させて頂き、話をさせて頂きました。日本から来た私たちのチームには、日本で学ぶネパール

写真9.「寺子屋」で挨拶をする青年部学生

写真10.「寺子屋」での職業訓練授業

*15*

写真11．作成した避難訓練パンフレットを説明　　写真12．工芸品を作る地元の方

人留学生が4人いますが、その1人は以前、ネパールで電気関連のエンジニアをしていたこともあり、話が盛り上がりました。4人の語り口は、日本（神戸）の大学の教室で見るより遥かに堂々としており、故郷に錦を飾るような感覚なのかもしれません。私たちが日本で作成した避難訓練マニュアル（ネパール語版）をお見せしながら、地震時の避難訓練も説明しました。教室を後にし事務所で同「寺子屋」の歴史や事業計画等の話を伺いました。

バスに戻ろうとすると、村の広場でお婆さんが地べたに座り、何か工芸品を作っている（編んでいる）姿が目に入り、近寄ってその見事な手捌きを拝見しました。作品は、藁で作る座布団のようなものだったのですが、商品にしてカトマンズで売るということでした。

電気工の短期講習も有益でしょうし、手芸品もお見事ではあるのですが、果たしてどれくらい現金収入になるのか考えざるを得ませんでした。識字率向上のために設けられた「寺子屋」と「寺子屋プロジェクト」は次の課題に直面していると実感しました。と同時に上のお婆さんもそうですが、皆、笑顔が絶えず、瞬間的にはとても幸せそうにも見えます。見た目の笑顔が、経済的な「幸福」を意味しないのも確かであり、彼らはこの「苦境」から脱しようと必死なのです。先進国の人たちが、途上国の人々に「あなたたちは私たちが失ったものを持っている」というのは、常々、傲慢であると思っていますが、でも（たとえ、将来失われるとしても）今の彼らの笑顔が素晴らしいのは事実です。

### (4)「寺子屋」の終了と教育支援の継続の必要性

ラリットプール郡マハーラクシュミ市「シディプール寺子屋」の訪問を終え、ネパールにおいて日本ユネスコ協会連盟から委託を受け、「寺子屋」を運営しています NGO である National Resource Centre for Non-formal Education (NRC-NFE) の本部に伺いました。

カトマンズに隣接するパタン地区にあります NRC-NFE 事務局では、ディル・スレスタ所

写真 13. NRC-NFE の前で撮った集合写真　　写真 14. 発表しているラビンドラさん

長をはじめスタッフの皆様が歓迎して下さりました。挨拶後、早速、寺子屋とネパール全体のコミュニティ・ラーニング・センター（CLC）についての説明を受けました。「寺子屋運動」は、1989 年から始まった日本ユネスコ協会連盟の途上国支援のプロジェクトです。

　その名の通り、日本の江戸時代における庶民教育機関である「寺子屋」から名付けられたものです。

　ネパールでは、2002 年から同プロジェクトが開始されています。ネパールは、2011 年においても識字率が 65.9%（外務省）に過ぎなく、特に女性の識字率は約 44%と世界でも最低レベルにあり（日本ユネスコ協会連盟）、貧困等のため学校に行けなかった人々に、寺子屋はその機会を与えてきました。

　現在、日本ユネスコ協会連盟は、17 軒の「寺子屋」を運営していますが、目標としてきた成果が得られたということで、2019 年 7 月にその多くのプロジェクトが終焉する予定です。確かに、読み書きができる人が増えてきましたが、前回、言及しました通り、手に職を付けるまでには到達していません。

　今日、寺子屋では職業訓練プログラムも始まっていますが、どうも、現金収入に繋がっているとは考えられないのです。私が教育現場にいるからではないのですが、ネパールでも読み書きができれば、すぐ仕事が見つかるわけではなく、私は、少なくても中学校程度の学力が必要であるように思われます。もちろん、働きながらではないと持続可能ではないのですが、地元の小学校、中学校（セカンダナリースクール）に夜間部を作り、教育環境を整える必要があるように感じます。

　おそらく、そうなれば、（昨年、訪れたカンボジアでもそうだったのですが）初等教育、中等教育における教師不足が問われてくることでしょう。日本では、国立大学の教育学部の改組が相次いでいますが、アジア全体から考えれば教師の育成需要は高いのです。「寺子屋」という教育支援は成功を収めました。続いての教師育成の支援が求められています。

写真15. クンベシュワール「寺子屋」スタッフ会議　　写者16. どのようにしたら製品が売れるのか

### (5) どうやって手工品を市場で売るかを考えるボランティア

　「寺子屋」を運営していますNGOであるNational Resource Centre for Non-formal Education (NRC-NFE) の本部を後にし、午後はやはり、車で30分程のラリットプール郡「クンベシュワール寺子屋」を訪問しました。同寺子屋は初めての訪問でしたが、やはり、ここでも手に職を付けるための職業訓練を実施していました。ここでは、綿を中心としたさまざまな織物を手作りで行っていました。

　ここで、私たちは、ボランティアとして寺子屋において避難訓練の説明もしたのですが、多くの時間をどのようにしたら彼らの製品を販売できるのかという問いを考えることに費やされました。アイデアのボランティアと言ってしまえば、かっこがいいのですが、具体的な案を出すのは容易ではありません。

　学生たちからは、外国人向けに売るなら「もっとネパール色を出した方が良い」、「ネパールといえばエベレストだから、エベレストが絡む商品を作るべきだ」、「そもそも、織物ではなく、ネパール・グッズのほうがいいのではないか」等です。中には、「ネパールはククリと言われる刃物が有名なので、寺子屋とUNESCOのマークを入れて、平和利用のために売ったらいいのではないか」という突拍子もないアイデアも出ていました。

　売り方に関しても、「ネットの活用すべき」、それから、「ネパールのカトマンズ空港には免税店が少なく、ネパールコーナーをもっと大きくして、そこで特産品を売る」等と意見が飛び交いました。私は、午前中同様、現段階での商品化よりも、(折角、文字を覚えただから) もっともっと村の人々に勉強して欲しいと心の中でつぶやきました。しかし、学び続けるとしても、人は食べてい

写真17. 歌っている学生

第二部　ネパール訪問記（2017年9月1日～9月9日）

かなくてはいかないので、厄介ではあります。

　1時間ほど議論をした後、最後は、歌を歌って別れることにしました。まずは、ネパールの寺子屋スタッフチームと私たちのネパール人学生が、ネパール人ならば誰でも知っているという大ヒット曲「Resham Firiri」を歌いました。次に日本人チームが「富士山」、中国人チームが「朋友」、ベトナム人チームは「Nối vòng tay lớn」という曲を歌いました。

　皆で、「ブレーメンの音楽隊」のように楽しそうに歌っていると近所の子供たちが集まってきました。外は薄暗くなり、私たちはカトマンズのホテルに戻ることにしました。ホテルでは、また80年代、90年代、00年代の懐かしいヒット曲が流れていました。そんな中、名前が長過ぎて飛行機に乗れなかったモンゴル人の通称エナさんが、ホテルに到着しました。これで、「音楽隊」も全員揃いました。


### （6）ネパールの小学校で避難訓練

　名前が長すぎて飛行機に乗れなかったモンゴル人の通称エナさんも合流して、3日目が始まりました。朝食も2回目となりましたので、「昨日と同じものをお願いします」と言ってみたのですが、女性に優しいウェイターに「何だ」と言い返されてしまいました。イングリッシュ・ブレックファーストを改めて注文。

　3日目のボランティアは、車で約1時間のチッタポールというところにある「寺子屋」を訪れ、避難訓練をすることでした。私は、このチッタポールの「寺子屋」には2年前も訪れているのですが、その際は地震で建物が壊れており、責任者のマンショバ・スワルさんから建設計画を伺いました。その後も、スワルさんから連絡を頂いており、今回は是非再訪したいと日本ユネスコ協会連盟のパートナーのNational Resource Centre for Non-formal Education (NRC-NFE) にお願いしました。このチッタポールの「寺子屋」を再訪したかった理由は、スワルさんとの「友情」もありますが、ここは小学校が隣接しており、「寺子屋」で大人が学び、隣で小学生が学んでいることがとても素敵に思えたのです。スワルさんと「寺子屋」のスタッフ、そして小学校の先生たちは、私たちを大歓迎して下さり、私のネパール人の学生たちを中心に日本から来た学生たちが小学校の各教室に数人ずつ入り、避難訓練を行いました。

写真18. チッタポールの「寺子屋」

*19*

写真 19. 小学校で避難訓練をする青年部学生　　写真 20. 避難訓練の実施

　今回、ネパールでの避難訓練のために、私たちは日本でネパール語のマニュアルを作りました。内容は、神戸市が発行している避難訓練マニュアルをできるだけネパールの現状に合致するように内容を変えました（例えば、ネパールには海はありませんので、津波の説明をしても意味がありません）。

　私の学生たちは、丁寧にネパール語でゆっくり一つずつ説明し、それを小学生たちは笑いながらも、真剣に聞いてくれていました。結果として、避難訓練は「大成功」であったと信じています。

　ネパールで避難訓練をしたかった理由は、やはり、2年前の私の訪問にあります。組織的に避難することなく、多くの命が失われたことを知り、避難訓練の必要性を実感したのです。同時に、私たちが1995年に阪神大震災を経験した神戸市で生活していることもあります。私は、当時、神戸におりませんでしたが、一緒にネパールに来られた神戸ユネスコ協会の理事の方は、実際に被災されています。

　神戸の経験をネパールに伝え、そして、次の地震に備え、命を守りたいと思ったのです。何よりも楽しく。そして、チッタポールの「寺子屋」と小学校訪問はとても有意義な時間になりました。

## (7) それで、忍者はいるのか？

　3日目の午後、世界遺産の街バクタプールに行きました。そこでも、2年前に訪れた幼稚園兼公立小学校（Shree Baradayani Lower Secondary School）に再び足を運びました。

　バクタプールは、ネパールの少数民族ネワール人が多く住むエリアであり、ネワール人は民族の中にカースト制度を維持しているのですが、この学校は非常に貧しい家庭に育つ

第二部　ネパール訪問記（2017年9月1日～9月9日）

写真21. Shree Baradayani Lower Secondary School　写真22. Shree Baradayani 校の子供たち

子供たちが通っています。2年前は、国連機関の援助のテントも用いて何とか授業をしているような状況でした。現在は、校舎こそありますが、窓にはガラスもなく風が吹き抜ける教室で子供たちが学んでいました。ただ、この学校の子供たちは、どこよりも目が輝いていました。貧しい学生ほど、目が輝いている実態は、人々が笑顔でいる村々と共通するのかもしれません。

　私たちはこの貧しい学校の子供たちに、地元で購入したノートとボールペンを寄付しました。購入代は、神戸市立高倉中学が、7月に「国際理解キャンペーン」（ネパール）の一環として行われました募金（神戸ユネスコ協会経由）を使わせて頂きました。高倉中学の皆さん、ご協力を心から感謝したいと思います。

　別れを惜しみながら学校を出ると、2年前に私がこの学校を訪れた時と同様に、ドラえもんの風船が売っていました。午前中の小学校でもドラえもんノートを使っている学生がいましたが、日本が生んだ「ネコ型ロボット」は相変わらず人気でした。車に乗り、出発しようとするとバッファローが10頭程、目の前に出現しました。ネパール人はヒンズー教徒であり、牛肉は食することができないのですが、バッファローは牛ではないという認識で、食べます。つまり、この国は、必ずしも科学的論理で動いてはいないのです。

　その後、私は2年前にバクタプールでお世話になった方のお宅にお邪魔すると、一番好きなアニメという話題になりました。アニメといっているのに第　に『おしん』と言われ

写真23. バクタプールのバッファロー　　　　写真24. 学校の前でドラえもんの風船を売っている

てしまい、家族が皆「あの話は素晴らしい」「感動した」と言い始めました。私は、「確かに素晴らしいが、あれは100年前の田舎の日本であり、今はあのようなことはない」と説明しなければなりませんでした。皆を納得させると、また1人の方が、「それで、忍者はいるのか？」と聞いてきました。今、魔法を使えるならば、あのバッファローの群れを目の前に出したいと思いました。

### （8）バイクがなければデートができない

　4日目。朝食も3回目となりましたので、今日こそはと「昨日と同じものをお願いします」と言ってみたところ、女性に優しいウェイターがYESと二つ（三つ）返事をしてくれました。出てきたものは、ちょっと違ったのですが、OKとしました。

　4日目は、ネパール中が祝日となっており、ボランティアもお休みです。市内ではお祭りが行われるということで、観光に出かけました。私たちが宿泊しているホテルは、カトマンズのタメル地区というところです。お祭り行事のあるダルバール広場までも徒歩圏内であり、皆で歩いていきました。タメルはカトマンズ一の繁華街にもかかわらず、舗装されておらず、そこにバイクや人力車がひっきりなしに通っていきます。バイクは殆どが2人乗りで、カップルが多いのです。私は、私の学生のダルマ君に、ネパール人にとってバイクとはどういう意味があるのか尋ねたところ、バイクがないと当然デートができなく、逆に良いバイクを持っているということは、彼女を得易いということでした。個人の見解ではありますが、確かに理に適ってはいます。しかしながら、この埃の街で、2人乗りでバイクを乗れば、2人とも顔が埃に真っ黒になります。別の学生が、「その後でキスはできないのではないか」と本気で語っていましたが、あながち冗談でもないような気もします。もっとも、2人とも顔が汚れていれば、恥ずかしくもなく、デートを盛り上げることもできるかもしれません。潔癖症の国・日本では、顔が汚れていないにも関わらず、若者の恋愛パワーは弱体化していると言われます。そういう意味では顔が汚かろうが、綺麗だろうが、そんなこと、恋にはあまり重要なポイントではないのかもしれません。

写真25．タメル地区のお祭り

　恋と言えば、私の学生のネパール人であるダルマ

君が、買い物をしている時に 1,000 ルピーの価値を小噺で教えてくれました。ある男性は、雑貨店の女性店員に恋をしたそうです。男性は、貧乏だったのですが、お金持ちに見せるために毎日、そのお店で買い物をして、必ず 1,000 ルピー札を彼女に出したそうです。買い物の額は、100 ルピーにも至らない安いものにするのですが、支出分だけ足して、銀行で 1,000 ルピーに変えて、毎日支払うのです。女性定員はこの男性は、お金持ちに違わないと思い始め、ある日、男性が女性に結婚して欲しいとお願いした時、OK を出してしまったというのです。ちょっと、この話の登場人物である女性の「単純さ」が気になりますが、いずれにしても、この 1,000 ルピーの重さは分かります。感覚的には、日本人の 10,000 円に相当するのではないでしょうか。街では至る所でお祭りが始まっていました。

## (9)「生き神様」クマリの最後の仕事

　午後、学生たちとカトマンズ市内のダルバール広場に到着すると、インドラ・ジャートラーというお祭りが始まっていました。

　広場では、同国初の女性大統領であるビドヤ・デビ・バンダリ大統領も参列し、式典が行われるということでした。このインドラ・ジャートラーというお祭りは、(農業に必要な)雨を降らせる神「王インドラ神」を祀るイベントであり、お祭り開催中に雨が降ることが良いとされています。するとどうでしょう。ダルバール広場に隣接するカフェでコーヒーを飲みながら、広場で開催されているお祭りを見下ろしていると、本当ににわか雨が降りだしてきました。おそらく、式典の音楽隊も、警備隊も、びしょびしょなのですが、皆、嬉しそうです。

　そして、インドラ・ジャートラーの最大のハイライトは、(「クマリ」と呼ばれ) 生き神様として人々から崇められる「少女」が山車に乗って登場した時にやってきました (クマリは1 人ではなく、全国各地にいますが、カトマンズの「ロイヤル・クマリ」が最も有名であり、他はローカル・クマリと言われ、区別されています)。

　クマリは密教女神ヴァジラ・デーヴィー、とヒンドゥー教の女神ドゥルガーが宿るとされる「生き神」なのです。ネワール人という少数民族のなぜか仏教徒の女の子 (3 歳ぐらい) からしか選ばれないことになっており、初潮を迎

写真 26. クマリ Matina Shakya さんの登場

えるまで神の務めを果たさなくてはなりません。親元から離され、「神」として生きる少女クマリは、本来、子供が持つべき権利が否定されていると内外から批判の声があります（地域によっては親と同居するケースもあるようです）。

しかしながら、私の大学のネパール人学生も含めて、多くの人々がカトマンズのクマリであるMatina Shakyaさんが登場すると夢中になって凝視し始めました。カトマンズのクマリは、単なるクマリではなく、国の運命を占う予言者でもあり、大統領もひれ伏すような権威を持っています。国家的なシンボル故に、人権と言って、そう簡単に国もクマリを辞めさせるわけにはいかないのでしょう。私は前回に訪問した際も偶然拝見しており、2回目でありましたが、やはり、感情的には前回同様、伝統的社会システムと一少女の人生の両方を考えると(彼女は神様になって嬉しいかもしれませんが)複雑な思いになりました。

帰国すると、Matina Shakyaに代わって新しいカトマンズのクマリに3歳のTrishna Shakyaさんが選出されたというニュースが入ってきました。2回も拝見させて頂いた前クマリのMatina Shakyaさんのご多幸をお祈りしたいと思います。


### (10) You're Beautiful

5日目。慣れとは怖いもので、毎晩の生演奏カラオケ劇場（宿泊ホテルの最上階）にも慣れてしまい、多少騒がしくとも寝られるようになってきました。朝食時は、女性にとても優しい（従って私には不愛想な）男性ウェイターも、「昨日と同じものを」というと、黙ってイングリッシュ・ブレックファーストを持ってくるようになってきました。

5日目は、今回のボランティアで最も重要な1日でした。カトマンズ市内にあるユネスコに認定された「ユネスコ・スクール」の中高校（セカンダリースクール）を4校回り、避難訓練の説明をするというミッションです。

写真27. 公立のA校　　　　　写真28. 私立のB校

第二部　ネパール訪問記（2017年9月1日〜9月9日）

写真29. 公立の夜間高校で先生と話すフエンさん　　写真30. 公立の夜間高校の学生

　最初の学校はカトマンズ中心にある公立のA校。比較的大きな教室に、学生50人、教職員スタッフ10人ぐらい集まってくれました。公立なので決して豊かではないのですが、学生もしっかり勉強しているような雰囲気がありました。避難訓練の説明を終え、質疑応答のところでは、日本に留学したいという声が相次ぎました。

　2校目は半分私立ながら、公益団体から援助を得ているB校です。ここでは、30人教室で避難訓練の説明をしました。英語力は、先の公立よりも上ですが、活発さに欠けているように観られました。

　3校目は完全私立の名門校を訪問しました。教職員の英語は完璧で、コンピューターも比較的新しいものが何台も入っていました。先進国の公立学校と遜色がない程でした。次の訪問校まで、スクールバスを出して下さり、大変助かりました。

　夕方から訪れた4校目は衝撃的でした。夜間中・高校で、働きながら通ってくる学生たちばかりでした。校舎は薄暗いし、お金もなさそうでした。しかし、全教員が私たちを出迎えて下さり、避難訓練を説明した後、働きながら学ぶということをテーマに議論しました。私の神戸の学生たちも皆、アルバイトをしています。私費留学生は、日本でアルバイトなしでは生活できないのです。

　勉強もしたいけど、バイトもしなければならないという苦しさを知っているので、私の学生たち（留学生たち）も真剣に話をしていました。私は帰り道、私の学生たちに「訪問した4つのうち、どこの学校が一番よかったですか」と尋ねたところ、全員が最後の貧しい夜間学校だったと答えました。自分の学生ですが、私は彼らがちょっと誇らしく感じました。

　学生たちとホテルに帰ると、最上階の生演奏カラオケ劇場からJames BluntのYou're Beautiful（2004年）が流れていました。微妙に古い曲ですけど、何かカトマンズの夜のその瞬間に合っていると思わずにはいられませんでした。

## （11）次、どこにいきましょうか?

　6日目。最終日、それぞれの経路で日本に帰ります。

　私は往路同様、バンコク経由でした。中国の雲南省昆明経由が3便に分かれており、例によってバラバラです。ただ、皆の気持ちは共通で、「帰りたくない」というもので一致していたのではないでしょうか。

　ボランティアと言っても、実質、3日間です。目的であった避難訓練の説明もしくは実施ができた学校は、小学校、中・高校合わせて僅か6校です。もちろん、毎日、楽しかったのですが、「もっとできたのではないか」、「もっとすべきだったのではないか」と考えてしまうのです。

　私が神戸で指導するネパール人学生の4人は、後期が始まる月末までネパールに残り、それぞれの実家に帰りました。その1人のスマン君は、自分の母校にパンフレットを持って行き、避難訓練をしたそうです。小さな試みですが、広がっていけば嬉しい限りです。

　今回、避難訓練のネパール語パンフレットの作成には、約3週間、旅行の準備も1ヵ月と慌ただしいものでしたが、この企画は、短期間だったにもかかわらず、成功だったと信じたいです。それは何よりも、日本で学ぶ4人のネパール人の学生の協力が大きいです。

　彼らは、ホテル少しでも問題があれば交渉し、車を準備し、食事をオーダーするなど、ロジスティクスを全て担当してくれました。お金がかかる際は、殆ど値引きすることができたのは、彼らの交渉力のお蔭です。訪問した学校で、現地の学生が真剣に耳を傾けてくれたのは、彼らが通訳してくれたからであり、そして、彼らが自分の言葉で、日本の経験を語ったからです（彼らは、社会学で言うところの「マージナルマン」としてネパール人と神戸ユネスコ協会青年部・日本経済大学ユネスコクラブのアイデンティティを重ねながら頑張ってくれたのです）。

　そこには、大学の教室で、バイトで疲れて眠そうにしている彼らとは別人のような、頼りがいのある国際人がいました。教員として私は、彼らの母国で彼らを見ることができて良かったと感じました。私は留学生の多い大学で、留学生に囲まれて過ごしているのですが、ネパールだけでなく、彼らの母国で彼らに会えれば（会うだけではなく、ボランティアのような企画があれば）、また、違った彼らを見つけることができるように思えるのです。

　7日目。台風の中、Lineに関西空港到着のメッセージが相次ぎました。そして、皆、「次、どこに行きましょうか」と続けます。「ブレーメンの音楽隊」、再結成しなければいけないかもしれません。

第三部　学生による研究概要

## 執筆者紹介

**Tamang Raju（タマン・ラズ）**

ネパール･チトワン郡（Chitwan）出身。2013年3月来日。

沖縄 JSL 日本アカデミー、専門学校ライフジュニアカレッジで日本語と観光学を学ぶ。

2015年4月日本経済大学神戸三宮キャンパス入学、2017年4月から2019年3月まで日本経済大学ユネスコクラブ代表、2017年度、2018年度、神戸・菅原奨学金奨学生。2015年4月から神戸ユネスコ協会青年部会員として活躍。2019年3月同大学卒業。

現在、JF 兵庫県生花神戸本社勤務。

**Padhya Dharma Raj（パティ・ダルマ・ラズ ）**

ネパール・バジャーン郡(Bajhang)出身。2013年10月に来日。

2013年10月～2014年3月、沖縄 JCS 学院で日本語を学ぶ。

2014年4月～2017年3月、専門学校ライフジュニアカレッジ（沖縄）卒業。

2017年4月日本経済大学神戸三宮キャンパス入学。現在、同大学3年に在籍しながら、日本経済大学神戸三宮キャンパス・ユネスコグラブ代表、神戸ユネスコ協会青年部会員、神戸国際協力交流センター「災害時通訳・翻訳ボランティア」メンバー、神戸市多文化交流員として活躍。2019年度、神戸・菅原奨学金奨学生。

**温　暁亜（オン　ギョウア、Xiaoya Wen）**

中国・山西省太原市出身。2012年に来日。

2012年10月～2014年3月、神戸電子専門学校で学ぶ。

2014年4月日本経済大学経済学部入学、2017年9月～2018年3月ロンドン大学アジア・アフリカ研究学院（SOAS）留学。2018年3月、日本経済大学卒業後、渡豪。2020年2月 University of Queensland, Australia 大学院修士課程入学予定。日本経済大学神戸三宮キャンパス・ユネスコクラブ元幹事。2014年から神戸ユネスコ協会青年部会員。

第三部　学生による研究概要

## ネパールにおける民族問題と異民族間の結婚

Tamang Raju

### 1. 問題意識

　神戸ユネスコ協会青年部の一員として私は多国籍の皆なる友人たちと共に 2017 年 11 月に母国ネパールを訪れ、避難訓練のボランティアを行った。ボランティア活動と同時に、ネパール出身以外の友人たちに見て欲しかったものは、ネパールの複雑な民族問題である。

　日本ではネパール人は皆同じように見られるが、実は沢山の「民族」によって国民が構成されている。私自身、少数民族のタマン（Tamang）民族出身のネパール人である。妻はタマン民族ではなくダライ（Darai）民族である。妻もネパール人であるが、出身民族が違うのである。私たちは結婚した際、両親から反対され、今は和解したが一度は勘当された経験がある。そのような経験を日本で話してもなかなか理解されなかった。

### 2. ネパールの民族問題

　2011 年の世論調査ではネパールには 125 の「民族」が存在する（Government of Nepal, 2014:3）。総人口が 2,809 万人（World Bank, 2018）であり、人口において大国とは言えないネパールでこれだけの「民族」がいることは驚くべきである。その背景にはネパールの地形があると言われている。ヒマラヤの山に囲まれているネパールは、山岳地帯であり、周辺地域から多くの「民族」がネパール領域にやってきた場合、深い谷に隔たれ、集団として孤立し、自給自足の生活をする傾向があり、少数民族が維持されていったのである（西澤, 1987:23）。

　複雑であるのはネパールにおける「民族」が、日本語の「民族」とはニュアンスが異なり、「カースト」（caste）と部分的に重なり合うことである（中川, 2016:8）。ネパールやインドの身分制度である「カースト」は日本でも有名であるが、日本語の「民族」をネパール語に訳せば「ジャート」になるが「カースト」も「ジャート」となってしまう（名和, 1997:46-54；石井, 2015:46）。

　カーストは歴史的には 13 世紀まで遡れるが、近代においては 18 世紀にネパールの現在の国土を統一したシャハ王朝の役割が大きい。シャハ王朝の宰相ジャンガ・バハドル・ラナは、1854 年「ムルキアイン」（Muluki Ain）と呼ばれる国定カースト制度を導入する（中川, 2016:8-9）。そして、シャハ王朝は征服した多くの少数民族を「民族」ごと「カースト」の序列に入れていった（石井, 2015:46）。ネワール（Newar）民族のように「民族」の中に「カースト」を包み込んだケースもあるが、いずれにしても、「民族」と「カースト」は「同義語」になっていったのである。

*29*

### 3. 異民族出身者との結婚

　このように「民族」が「カースト的差別」を意味する社会で、私は異民族の女性と結婚したのである。これは、ネパールの一般常識からすれば許されないことであり、結婚式には私の両親も義理のご両親も出席してくれなかったばかりか、親戚の1人も姿を見せなかった。彼らにとっては、私たちが彼らのアイデンティティを否定してしまったのである。私たちもネパールで育っており、その難しさを痛感していた。

　両親との和解のきっかけは結婚して4年目に私の母が病に倒れ、入院したことであった。母の世話をする人がいなくて困っていたところ、妻が「私がお世話します」と言い、献身的な看病をすることになった。それを機に、両親は「民族よりも、人の心のほうが大事だ」と悟るようになったのである。

　つまり、民族＝カーストの壁を「家族愛」が乗り越えたことになるが、4年という月日は現在のネパールにおいてその壁がいかに高いか、いかに厚いかを示していると言えよう。それは私たち夫婦の予想以上であったのである。


### 4. まとめ

　2017年9月のネパールでの短期滞在で、同行した私の日本の友人たち（国籍は日本、中国、ベトナム、モンゴル）がネパールの複雑な民族問題を理解してくれたかどうかは定かではない。しかし、皆でカトマンズの中心地にある「ダルバール広場」に行った際、外国人だけが入場料を払うシステムとなっていた。そこで、誰が外国人と見なされるかを試すため、私たちはとりあえず歩いて入場しようとしたところ、中国人、ベトナム人の友人は入場料を求められなかったのである。それは単なる遊びであったが（後から引き返して入場料を支払った）、いかにネパールが多民族国家であるかは彼らも理解できたのではないだろうか。

　そして、外国人もネパール人に見えてしまう多民族性を、ネパール人も直視したほうが良いであろう。歴史を遡れば、ネパールは色々な国から色々な人々が来て住み創り上げて行った。グローバル化が進む、この21世紀において3,000万人もいないネパールで民族やカースト別に対立していても仕方ないのである。むしろ、その多様性を前面に出して新しい国民像を世界に示すべきなのではないだろうか。そのような意味で、多国籍の友人たちとの母国ネパールにてボランティアをしたことは、私自身もとても勉強になった。


**参考文献**

石井溥（2015）「近現代ネパールの政治と社会—マオイストの伸長と地域社会」南真木人、石井溥 編著『現

代ネパールの政治と社会―民主化とマオイストの影響の拡大』明石書店.

中川加奈子（2016）『ネパールでカーストを生きぬく　供犠と肉売りを担う人びとの民族誌』，世界思想社.

名和克郎（1997）「カーストと民族の間」石井溥編『ネパール　暮らしがわかるアジア読本』，河出書房新社.

西澤憲一郎（1987）『ネパールの社会構造と政治経済』勁草書房.

Government of Nepal (2014) *Population Monograph of Nepal, Volume II (Social Demograpy)*, Central Bureau of Statistics: Kathmondu.

## ユネスコスクールの国際交流
## —カトマンズ市・ギャラクシー高校と兵庫県立北須磨高校の例から—

Padhya Dharma Raj

## 1. はじめに

2017年9月2日から1週間、私たち神戸ユネスコ協会青年部は、神戸で学んだ避難訓練をネパールに伝えるために、国際ボランティア活動を企画し実施した。個人的には4年ぶりの帰国ともなったが、直前にネパールの実家の母が癌になり、心配だった。病に倒れながら、母は、私にボランティア活動に参加するように言ってくれた。ソーシャルワーカーであった母は、誰よりもボランティア活動の理解者であり、その意義を認めてくれていた。皆と共に、カトマンズのユネスコ認定校（ユネスコスクール）の高校を回り、ネパール語で作った避難訓練マニュアルを配り、避難訓練を施した。そして、母は2017年10月に亡くなった。

帰国後、2018年を迎え、喪に服しながら私は神戸市内のユネスコスクールである北須磨高校を訪問する機会を得た。北須磨高校が、ネパールの高校との交流に積極的であったため、以降、私は同校と、私たちがネパールで訪問したカトマンズのユネスコスクールであるギャラクシー高校の交流のお手伝いをすることになった。神戸とカトマンズにある両校は共に1995年と2015年に大地震の被害を受け、同じユネスコスクールというだけではなく、震災という共通項があった。

私は、2018年秋の母の1周忌のためにネパールの実家に帰り、ギャラクシー高校を訪れた。その時、私には多くの犠牲者を生んだ阪神淡路大震災を乗り越えた北須磨高校と、ネパール大地震を経験したギャラクシー高校を「繋げる」ことが常に公共性を考えてきた母への報いにもなるように思われた。

## 2. ユネスコスクールとは何か

まず、初めにユネスコスクールの定義から考えたい。ユネスコスクールは、ユネスコ憲章に示されたユネスコの理念を実現するため、平和や国際的な連携を実践する学校である（文部科学省, 2013）。1953年、ユネスコ憲章に示された理念を学校現場で実践するため、ASPnet(Associated Schools Project Network)と名付けられた15カ国の33校が共同体を構成して始まった（小林, 2014:21）。

現在、世界182カ国で11,500校以上が、ASPnetに加盟して活動している(UNESCO, 2019)。ユネスコスクールでは、そのグローバルなネットワークを活用し、世界中の学校と交流し（小林, 2016:24）、生徒間・教師間で情報や体験を分かち合い、地球規模の諸問題に若者が

対処できるような新しい教育内容や手法の開発、発展が目指されている（文部科学省, 2019）。

日本では、2018年10月現在、1,116校の幼稚園、小学校、中学校、高等学校、大学、特別支援学校等が加盟しており、1カ国当たりの加盟校数としては、世界最大となっている（文部科学省, 2019）。一方、ネパールでは、現在74校の小学校、中学校、高等学校、大学が加盟している（UNESCO, 2019）。

## 3. ユネスコスクールの課題

上記の通り、ユネスコスクールは世界中のスクール同士の交流を謳っているが、実際には交流は容易ではない（丸山, 2014:187）。ユネスコ・アジア文化センターが日本国内のユネスコスクール475校に調査した結果では、2015年度において何らかの形で国際交流をした日本のユネスコスクールは21％に留まっている（ユネスコ・アジア文化センター, 2015:13）。交流ができない理由としては、1位が交流を準備する時間・人手がなかったことで【67.8％】、2位がどのように交流したらいいのか方法がわからなかったことで【38.5％】、3位が交流先の学校を見つける方法がわからなかったことで【30.9％】となっている（同上）。

これは日本のユネスコスクールの調査であるが、ネパールのユネスコスクールであるギャラクシー高校の担当の先生からも類似の課題を指摘されていたことから、「どのように交流先を探して、どのように交流すべきか」という問いは日本に留まらず、全世界的なユネスコスクールの課題であると考えられる。

## 4. ギャラクシー高校と北須磨高校との交流

2017年9月に私たちがネパール・カトマンズのギャラクシー高校を訪問した時、日本の高校と交流したいという希望が出されていた。偶然、神戸ユネスコ協会事務局長の大亀元氏と日本経済大学神戸三宮キャンパスの事務長（当時）の奥田守氏が、神戸市のユネスコスクールである北須磨高校のOBであり、同校が国際交流を希望していたことからとんとん拍子に話が進んでいった。

前節のユネスコスクールの課題がOB繋がりであっても、ギャラクシー高校と北須磨高校にはなかったことは幸運であったと言えよう。

そして、何度となく北須磨高校に足を運び、「震災を乗り越えて」という共通テーマを見出し、2018年12月19日、PCを通じてSkypeを利用して両校が交流することになった（写真2）。北須磨からは英語が得意な9人とギャラクシー高校からは15人が参加し北須磨高校はネパール語で、ギャラクシー高校は片言の日本語で挨拶して始まり、素晴らしい交流

写真1. 北須磨高校の学生がデザインした歓迎の言葉　　写真2. Skypeを利用して両校の学生が交流中

となった(神戸新聞, 2018年12月20日)。私は時々、ネパール語―日本語の通訳をすることとなったが、言語の壁を越えて震災の経験を語りユネスコスクール同士の有意義な時間となった。

## 5. まとめ

　北須磨高校とギャラクシー高校の交流の成功は、人的繋がりがあっただけではない。おそらく、第一に震災の経験という共通項があったからこそ(北須磨高校の高校生は、阪神淡路大震災時に生まれておらず、親からの聞き伝えであっても)話し合おうという機運が高まったのではないであろうか。

　そう考えれば、ユネスコスクール同士の交流は共通性が重要であることになる(市瀬, 2009:271)。逆に言えば、共通性があれば国境を越えて交流することは難しくないのである。そして、もし、今回、私自身がモデレーター(moderator)のような役割を担ったとするならば、モデレーターは交流を希望するユネスコスクール同士の共通性を見出していかなければいけないことになる。

　最後になるが、日本とネパール、神戸とカトマンズ、北須磨高校とギャラクシー高校のモデレーターの役割を間接的に命じたのは亡き母であり、母に心から感謝したい。

**参考文献・参考資料**

市瀬智紀(2009)「国際理解教育と持続発展教育の地域における展開に関する一考察」『宮城教育大学紀要』
　　(44), pp. 265-276.

神戸新聞 (2018)「文化や防災 高校生議論―ネパールの生徒と神戸北須磨高」2018年12月20日.

小林亮 (2014)『ユネスコスクール 地球市民教育の理念と実践』, 明石書店.

小林亮 (2015)「ユネスコスクールの将来展望と課題―ユネスコの価値教育との関連性―」『玉川大学教育

学部紀要』, pp. 19-33.

丸山英樹（2014）「ユネスコスクール・ネットワークに見られる持続可能性・バルト海プロジェクトと大阪ASPnetを事例に」『国立教育政策研究所紀要』(143)，pp. 183-195.

文部科学省（2013）日本ユネスコ国内委員会「ユネスコスクール」

〈http://www.mext.go.jp/ unesco/004/1339976.htm）〉（2019 年 8 月 16 日閲覧).

文部科学省（2019）ユネスコスクール公式ウェブサイト

〈http://www.unesco-school.mext.go.jp/〉（2019 年 8 月 16 日閲覧）

ユネスコ・アジア文化センター（2015）『ユネスコスクールの現状と課題報告書』日本出版会館.

UNESCO(2019) "UNESCO Associated Schools Network"

〈https://aspnet.unesco.org/en-us/Pages/About_the_network.aspx〉(accessed 16 August 2019).

# ネパールにおける「寺子屋」と成人女性教育

温暁亜

## 1. 問題意識

　2017年9月、私は大震災から2年半経ったネパールに神戸ユネスコ協会青年部の一員として足を運んだ。私たちは日本ユネスコ協会連盟がネパールのNGOノンフォーマル教育ナショナルリソースセンター(NRC-NFE)に委託しながら運営している「寺子屋」を訪問した。識字率は向上し、現在は職業訓練などが行われていたが、まだ瓦礫なども残っており震災からの復興は道半ばのように思われた。同時にそこで目についたのは成人女性たちだった。

## 2. ネパールの就学率、識字率の現状

　ネパールでは1990年代から初等教育の就学率が改善され、1999年で純就学率が65%(女子57%、男子72%)だった初等教育のレベルが2006年では79%(女子74%、男子84%)に上がり(菅野, 2008:4)、現在は90%を超えている(World Bank, 2017)。

　しかし、ネパールの2000年代前半(2000年−2004年)の15歳以上の成人識字率は男性62.7%、女性34.9%となっており(UNESCO, 2006:234)、2015年においても、男性76.4%に対し、女性は53.1%に留まっている(Central Intelligence Agency, 2019)。つまり、近年、状況は大きく改善されているとはいえ、ネパールでは成人女性の就学、識字問題が課題として残っていると言えよう。

　更に次節で述べるように、識字教育の進展は、グローバル化の中で文字の読み書きができるようになった後にどのように「仕事」に結びつけるかという新たな課題をももたらしている(長岡, 2018)。

## 3. ネパールにおける寺子屋運動

　日本ユネスコ協会連盟は、国際連合による国際識字年(1990年)を控えた1989年、開発途上国の識字教育を支援し、併せて識字問題の重要性について理解を深め、識字教育に関する協力を広めていくため「世界寺子屋運動」を始めた(文部科学省, 1998)。具体的には、ベトナム、カンボジア、ネパール、アフガニスタンを中心に過去に計532(2018年11月現在)の「寺子屋」(Community Learnig Centres=CLC)が建設され、文字を教え、地域の人びとの生活改善や社会開発に貢献してきた(日本ユネスコ協会連盟, 2019a)。「世界寺子屋運動」は2005年〜2014年の累計だけで43カ国1地域において約130万人が、寺子屋で教育を受け各国の識字率の向上に大きく貢献してきたことが挙げられている(日本ユネスコ協会連盟, 2015)。

そして、日本ユネスコ協会連盟は 1996 年以降、ネパールでも NRC-NFE に委託する形で寺子屋運動を展開している（日本ユネスコ協会連盟, 2010:2）。現在、同国においてはルンビニ地域の 14 村、首都カトマンズ周辺、ラメチャップ、ゴルカ、ラスワ、チトワンの各郡において寺子屋が運営されている（日本ユネスコ協会連盟, 2019b）。その特徴は、教育機会を逸してきた成人女性を主な対象にしていることである（同上）。

少し古いデータではあるが、ネパールの寺子屋プロジェクトでは、2002 年度の開始時期から 2008 年度末までに、識字クラスを 207 クラス、識字後クラスを 153 クラス、成人女性のための識字クラスを 106 クラス、成人女性のための識字後クラスを 33 クラス、計 593 クラス開講している。識字クラスの学習者数は、4,751 人（うち女性が 3,869 人）、識字後クラスの学習者数は、3,369 人（うち女性 2,930 人）成人女性のための識字クラスの学習者数は 2,166 人、成人女性のための識字後クラスの学習者数は 625 人となっている（日本ユネスコ協会連盟, 2010:7）。

## 4. ネパールの寺子屋

今回、私たちはラリットプール郡「シディプール寺子屋」、ラリットプール郡「クンベシュワール寺子屋」、バクタプール郡「チッタポール寺子屋」の 3 か所の寺子屋を訪問した。いずれも首都カトマンズ郊外の「寺子屋」であったため、成人女性が多かったが、識字教育は終了し、職業訓練教育が行われていた。具体的には、衣類や土産物の織物の創作教室であった。「クンベシュワール寺子屋」では、その販路などの相談も受けて、皆でビジネスプランを考えた。

しかしながら、私は違和感を覚えた。そもそもアパレル産業は、中国、バングラデシュ、ベトナム等の大型工場で、安価な労働力と機械化で大量生産をして地球規模に販路を築くというグローバル化の最先端を走っており、家内制手工業の織物を学んでも太刀打ちできないように思えたからである。

文字を覚えた成人女性はどのような職業訓練が必要であろうか。安価な衣類では勝負にならないとすれば、付加価値が高い特殊な織物を作るしかないが、その販路はネットになるのではないだろうか。もしそうであるならば、ネットを使えるようになるためにも、識字の後は PC 教育が必要であるのではないだろうか。

## 5. まとめ

ネパールにおける成人女子教育は課題が山積している。識字率が向上しても、即、職業に結び付かない現実があるからである。もちろん、それでも、文字が読めることはとても

大切であり、人生は変わるが、同時に食べていかなければならない現実もある。そして、グローバル化が進展しており、以前のように家内制手工業では安易に現金収入が得られなくなっている。

　それでは、どのようにして、字が読めるようになることと仕事を結び付けていけばいいのであろうか。財政的な問題から、PC教育が直ぐに導入できないとすれば、その前段階として単に文字が読める教育から、知識を得て考える教育に変化させていくしかないのではないだろうか。


**参考文献**

菅野琴(2008)「ネーパルにおける女子の基礎教育参加の課題―ジェンダーの視点から」『ジェンダー研究』第11号.

長岡智寿子（2018）『ネパール女性の社会参加と識字教育－生活世界に基づいた学びの実践』明石書店.

日本ユネスコ協会連盟（2010）『ユネスコ世界寺子屋運動　ネパール・ルンビニ寺子屋プロジェクト中間評価報告書』2010年10月.

日本ユネスコ協会連盟（2015）「ユネスコ世界寺子屋運動書きそんじハガキキャンペーン」2015年12月16日＜https://www.unesco.or.jp/terakoya/news/images/6_20151216.pdf＞（2019年8月29日閲覧）

日本ユネスコ協会連盟（2019a）『ユネスコ』通巻1163号, 2019年1月1日発行.

日本ユネスコ協会連盟（2019b）「ネパール寺子屋プロジェクト」
＜https://www.unesco.or.jp/activities/terakoya/nepal-terakoya-project＞（2019年8月29日閲覧）

文部科学省（1998）「「世界寺子屋運動」学校キャンペーンについて」平成10年6月19日
＜http://www.mext.go.jp/b_menu/hakusho/nc/t19980619001/t19980619001.html＞（2019年8月29日閲覧）.

Central Intelligence Agency (2019) "South Asia: Nepal" *The World Fact Book*,
＜https://www.cia.gov/library/publications/the-world-factbook/geos/np.htm＞ (accessed 29 August 2019).

UNESCO (2006) *EFA Global Monitoring Report 2007:Strong foundations: Early childhood care and education*, UNESCO: Paris.

World Bank(2017) "School enrollment, primary (% net)" *World Bank Open Data*,
＜https://data.worldbank.org/indicator/SE.PRM.NENR?end=2018&locations=NP&start=1970＞ (accessed 29 August 2019).

第四部　研究報告

# ネパール人日本留学生の漢字学習意識と学習ストラテジーについて
## ―予備調査とネパール語調査票の公開

陳秀茜

## 1. はじめに

2017 年 9 月 2 日から 9 月 9 日の間、神戸ユネスコ協会、日本経済大学神戸三宮キャンパスユネスコ・クラブが主催した「2017 年ネパール国際ボランティア」に参加し、カトマンズに滞在した。企画として現地の日本語学校を何校か見学し、日本語教育事情についてインタビュー調査を行う予定だった。しかし、同時期、日本語学校の先生方の都合が悪く、調査が実現しなかった[1]。そのため、帰国後、資料・文献に基づいてネパールの日本語教育事情を調査することになった。

国際交流基金の「日本語教育機関調査結果（2016 年度）」によると、2007 年頃からカトマンズだけでなくポカラや地方都市部においても日本語学校が増加し、日本語教育が盛んになっている。2016 年度 4 月現在、ネパールにおける日本語教育機関数は 106 箇所、教師数は 376 人、日本語学習者は 4262 人であり、高校・大学でも外国語科目の一つとして日本語を選択できるようにしようという動きがあるという[2]。また、日本学生支援機構（JASSO）の「外国人留学生在籍状況調査結果（平成 11 年度～30 年度）」によれば、日本に在籍するネパール人留学生数は 2007 年から徐々に増え[3]、2014 年に急増し 1 万人を超え、2015 年には 16,250 人に増加し、ネパールははじめて韓国を抜いて中国、ベトナムの次に多い留学生出身国となった。さらに、2018 年 5 月現在は 24,331 人に至った。このように、ネパール国内だけでなく、日本に在籍するネパール人留学生も増え続けており、ネパール人日本語学習者が急増しているのである。しかし、彼らを対象とした日本語教育や日本語習得状況についての先行研究が極めて少ないという現状である。

また、ネパール人日本留学生と筆者が雑談する中で、「日本語は文法と発音は簡単だが、漢字は難しい」「どんなに頑張っても漢字が多すぎて覚えきれないから、日本語能力試験の読解は難しい」という声をしばしば聞かれた。高井・中島・陳・二宮・坂井・中里・福重（2018）でも、「漢字の読み・書き」を勉強したい、大学で「漢字の読み書き・理解」に困っている非漢字圏学習者の割合が極端に高いということが明らかになっている[4]。「2017 年ネパール国際ボランティア」に参加したネパール人日本留学生も、日本語で流暢に話せてコミュニケーションにもほとんど支障がないものの、日本語能力試験 N2 に合格するのに大変苦労し、最高レベルの N1 は手が届かないものだと認識している傾向がある。そして、その大きな理由として、漢字がマスターできないことにあると考えている人が多いと挙げられる。

以上の背景を踏まえて、本研究ではネパール人日本留学生を対象にして、彼らの日本語学習、特に漢字学習に焦点を当てる。具体的には、ネパール人日本留学生が、漢字学習についてどのように考えているか（学習意識）、どのような勉強方法を使用しているか（学習ストラテジー）[5]についてアンケート調査を行う。日本語習得度、来日歴、漢字力等による漢字学習意識と学習ストラテジーの違いの有無を明らかにすることを目的とする。本稿はその準備段階として、ネパール語の調査票を作成し、「2017 年ネパール国際ボランティア」に同行した4人を対象にして予備調査を実施し、その結果を報告する。

## 2. 先行研究の概観

### 2.1 ネパール人日本留学生を対象とした研究

ネパール人日本留学生を対象とした先行研究は極めて少ない。その中で、主な先行研究の流れとしては次の 2 つが見られる。1 つ目はネパール人留学生の生活の現状と課題に注目したもので、佐藤（2012）、岩切（2015, 2017, 2018）、嘉手川（2016）、柳（2017）などがあり、2 つ目はネパール人日本留学生の日本語学習に着目した研究で、川口（2001）と土屋（2013）が挙げられる。2.1.1 では前者、2.1.2 では後者の代表的な研究をまとめる。

### 2.1.1 ネパール人日本留学生の生活現状と課題に着目した研究

岩切（2015, 2017, 2018）は資料調査とインタビュー調査を行い[6]、ネパール人日本留学生の増加要因及び来日後の生活の状況と課題に着眼している。調査結果は次の通りである。ネパールの経済構造の脆弱性と政治的不安定により、出稼ぎ海外労働者が増える中で、就労機会を得るための留学が目立っている[7]。就労と送金を目的として来日しているネパール人「働く留学生」はアルバイトのしすぎで、学習に支障をきたしている者もいる。その一方、学校で教わった知識を元にして、アルバイト先で日本語の使用を実践し、アルバイトでの経験が日本語学習の動機に結びついているという学習パターンもあるという。さらに、アルバイト先という実践共同体に、知識と学習を相互作用させつつだけではなく、その学習過程に付随する文化的な学びももたらしていると主張している。例えば、「規範を守る日本人」と「規範に甘いネパール人」というアイデンティフィケーションの対立等が挙げられている。

嘉手川（2016）は「学習者の背景情報」「日本語学習動機」「生活環境」「留学中の心の支え」について問う4つの領域に関する質問項目を設け[8]、沖縄の A 日本語学校に在籍するネパール人日本留学生 72 人を対象にアンケート調査を行った。その結果、日本に「滞在する期間が長くにつれ、日本語への学習意欲が高まっており、沖縄県という生活環境に関し

て特に学校や日本語教師に高い満足感を示し、留学中の心の支えとしている」一方、「悪徳な仲介業者により騙されて来沖し、学習意欲の低いネパール人学習者や就労目的のネパール人留学生がアルバイト中心の生活を送り、日本語の授業どころではないという劣悪な環境がある」ことが明らかにされた。そして、日本語教育機関及び教師の情報共有の場を持ち、意見交換をすることで日本語学習者に対する支援の向上を図ることを提案している。

　柳（2017）は福岡のネパール人留学生の実態について、留学生数の現状と増加の背景、教育機関における在籍（進学）状況、就労状況を調べた後、留学生の意識調査を行った。その結果、ネパール人留学生が抱えている重要な課題として、「就職活動における課題」と「留学生活における地域との交流に関する課題」を取り上げている。前者に対しては、ネパール人留学生を、「高度人材と外国人技能実習生の間のミドル・スキル人材として位置付け、日本語教育の強化と同時に、専攻や資格などの認定制度を導入し、人材不足分野の外国人材として育成する仕組み」を提案している。後者に対しては、地域密着型の交流会の取り組みを、ネパール人留学生が多く在住している地域を中心に拡大し、定期的に実施していくことにより、留学生の日本語力の向上や日本文化の理解へつながり、地域とのトラブルを防ぐべきであるとしている。

## 2.1.2　ネパール人日本留学生の日本語学習に着目した研究

　川口（2001）は会話分析の手法を用いて、意見を交換するという場面における、日本語母語話者と日本語非母語話者（ネパール、台湾）の談話展開のパターンを比較している。その結果、日本語母語話者はどちらか一方が「提案」しているというよりも、二人で話し合いを繰り返して合意した「提案」を述べ合いながら、「決定」への道を辿るという「共話」形式が窺える。それに対して、ネパール人日本留学生は相手の「提案要求」に対して自分の「提案」を即答することが多く、「相手との共通の理解を前提とせず、相手の賛同や同感を特に期待せず、しかも自分の意志や意見を相手に理解させることを目的として話す」（水谷, 1993:9）という「対話」形式が代表的なパターンとして見られると結論付けている[9]。なお、この「対話」形式はネパール人日本留学生のみ見られたものではなく、欧米型とも言われている。

　土屋（2013）は母語において漢字に馴染みのないネパール人日本留学生に対する初期の漢字指導について実践報告を加えながら検討されたものである。指導方法や授業の仕方に関する報告と提案は、次のように整理できる。

　（1）絵と文字のマッチングや、神経衰弱やかるた等のゲーム形式、漢字のフラッシュカード、バラバラにした漢字を組み合わせる等の活動を繰り返すことによって文字と

指し示す対象との一致をはかることからはじめる。

(2) なるべく筆順どおりの書き方でカタカナや記憶に残りやすい既知情報を示し、なければ擬音語などを取り入れて印象的に示す。

(3) 空中に書く「空書」練習をした後に、見本の文字をその都度確認させ、「書字結果の確認」を行う。また、導入段階になぞり書きをさせ、独特のストロークを体感したり、書き順や字のまとまりを意識したりさせる。さらに、定着をはかるために宿題として手書きの見本を見せて視写を課す[10]。

(4) 一字ずつ発音しながら書くことが効果的であり、書いている対象が何であるかを自分の脳に言い聞かせて、認識及び記憶への定着が促進されると学生に説明する。テストや日頃の授業活動の中で積み重ねる小さな達成感を学習意欲の向上へつながる。

上記の（1）～（4）のいずれも、論者の現場経験に基づいたものであり、学習者がどのように認識しているかについては言及されていない。本稿ではその点にフォーカスする。

## 2.2 これまでの漢字学習意識と学習ストラテジーに関する研究

早い段階に日本語学習者の漢字学習意識と学習ストラテジーに着目した研究として、石田（1984）と下瀬川（1984）が挙げられるが、本格的に研究が行われるようになったのは、1990 年代第二言語教育における学習ストラテジー研究の流れを受けてからである（坂野・池田，2009）。その中で、よく知られているのは、Oxford（1986, 1990）と Bourke（1996）である。Oxford（1986）は、語学学習ストラテジー教育の利点を明示し[11]、学習者の言語学習ストラテジー使用の傾向を明らかにするためのアイテムとして、SILL（Strategy Inventory for Learning Language）を公開した（Oxford, 1990）。Bourke（1996）は SILL のストラテジー分類をもとにして、非漢字圏学習者の漢字学習ストラテジーの尺度および調査用質問紙として、SILK（Strategy Inventory for Learning Kanji）を開発した。その後の研究には、SILL と SILK に基づいて項目の選定や分類を行ったものが多くある（大北 1995, Gamage2003, 松本 2004, ウラムバヤル 2005, ヴェントゥーラ 2007 等）。また、現場からの知見や調査協力者との面談結果から項目を作成した研究も見られる（石田 1984, 加納 1997, タン 2010, 濱川 2016 等）。

これらの漢字学習ストラテジーに関する研究は、大まかに①学習者の習得度によって使用するストラテジーの違いを比較したもの、②非漢字圏と漢字圏学習者のストラテジーの違いと習得度による違いを比較したもの、③非漢字圏日本語学習者の特徴を踏まえて調査したものという 3 つの観点からなされたものがある。以下に、代表的な研究を紹介する。

大北（1995）はハワイ大学の学生を対象に調査した。その結果、大部分の学生は日本語

文字の早期導入に賛成する一方、会話学習が文字学習に先行することに反対する。音が分からなければ意味がわかっても不安だと感じ、部首字源は漢字学習に役立つと考えているという。また、全体的に漢字の図形を覚えるストラテジーのほうが音を覚えるストラテジーより頻繁に使われており、どのレベルでも最も多く使用されているストラテジーが「繰り返して書く」である。さらに、学習レベルによってストラテジーの使用頻度に差が見られる。例えば、1年目はフラッシュカードの使用が多く、2年目は「漢字をみた場所などを覚える」を、3年目は「辞書を使う」「翻訳せずに理解しようとする」を有意に多用する傾向があると報告している。ただし、ハワイという地域性のため、被験者の70%が日系人あるいは日系混血という特殊性を留意する必要があるだろう。

　加納（1997）は外国人学習者が一般にどのような方法で漢字学習を行っているのかを探るために、筑波大学留学生センターの日本語補講漢字クラスに在籍する132名の研究留学生（計26カ国）を対象にアンケート調査を行った。その結果、①漢字圏学習者より非漢字圏学習者のほうが多くのストラテジーを使っている、②全体的に多く使用されているストラテジーとして、「辞書を引いて覚える」「何回も読んで覚える」「何回も書いて覚える」を挙げている、③習得度別の違いとして、上のレベルに行くにつれ、「書いて覚える」から「読んで覚える」に移行する傾向が見られる、と明らかになった。さらに、「テキストに出てくる順に覚える」というストラテジーは、学習者が使用したテキストによって、異なる漢字学習法を表していることに注意を要すると主張している。その点について、大北（1998）でも、使用教科書によるストラテジーの違いについて調査され、この要因が学習者のストラテジー使用に影響を与えていると報告されている。

　しかし、この十数年、いろいろな教材が開発され、学習者の学習ストラテジー使用傾向にも新たな発見があった。特に特定の言語を母語とする学習者を対象にした研究が少なくなされている。モンゴル人学習者（大学生136名）は「同じ間違いをしないようにする」「書き順に注意する」「漢字がわからないとき、教師や周りの人に聞く」「繰り返して書く」「文章を書くとき、漢字を使うようにする」（ウラムバヤル, 2005）を、フィリピン人学習者（209名）は新しく習った漢字を「繰り返して書く」「形を目で覚える」「書き順を暗記する」「既習仮名や漢字と関連する」「似ている漢字の違いを概観する」（ヴェントゥーラ, 2007）というストラテジーを使っているという。ただ、それらの研究に学習者の文化的背景や認知スタイルによる差異が見られない。

　それに対して、学習者の母語の特徴を踏まえた最終結果もある。例えば、タン（2010）はハノイにある4つの大学に在籍している日本語学習者416人に対して、漢字学習ストラテジーについてアンケート調査を行った。その結果、先行研究と同様な調査結果が見られ

た一方、「漢越音を覚える」と「漢越音から連想する」という２つのストラテジーが多く使用されていることがわかった。現代ベトナム語において表記としての漢字が使用されることはほぼないが、漢語由来の語彙は語彙全体の７割程度を占めるため、その２つのストラテジーはベトナム人日本語学習者の特徴的なストラテジーとして考えられている。そこから、ベトナム人日本語学習者を対象にした漢字教育には、積極的に漢越音を教えたり、関連させたりする方法が有効だと結論づけている。

　また、漢字学習に対する意識調査には、石田（1984）、下瀬川（1984）、清水（1994, 1995）、豊田（1995）、坂野・池田（2009）、柳田（2011）等がある。それらの研究は、調査対象者が異なるものの、調査項目に共通点が見られる。例えば、漢字学習に好意を持つ学習者が多い一方、漢字学習に困難と感じる者が多い。具体的な困難点について、石田（1984）は、非漢字圏学習者は「書き」、漢字圏学習者は「読み」と回答する場合が多いとしているが、下瀬川（1984）では非漢字圏学習者でも「一つの字に読み方が多い」ことに難しく感じる結果が出ている。その原因は、「覚えてもすぐ忘れる」という記憶保持の方法が身についていないことにある（豊田1995, 坂野・池田2009）。また、「自習できる」かどうかについて、「自習できる」や「読み方を教えてくれる人がいれば自習できる」と回答した人が６割近くいる一方（下瀬川, 1984）、漢字圏学習者が漢字に強いにもかかわらず、日本語の漢字が「自習できる」と答える者が多くないという意外な結果が報告されている（清水, 1994）。さらに、「習得度による違い」の観点から見ると、初級よりも中級レベルの学習者のほうが、より漢字学習に対して難しさを感じており、適切なガイドラインを求めると同時に自助努力の必要性を自覚するようになると述べられている（豊田, 1995）。

　以上では、ネパール人日本留学生を対象とした研究と、これまでの漢字学習意識と学習ストラテジーに関する研究を簡単に整理し紹介した。先行研究を踏まえ、本稿ではネパール人日本留学生が日本語学習上、最も困難と感じる漢字学習の学習意識と学習ストラテジーについて、アンケート調査を行う。次節では調査概要を説明する。

## 3. 調査の概要
### 3.1　調査対象
　本調査は「2017年ネパール国際ボランティア」に参加したネパール人留学生４人を対象にした。４人とも日本経済大学経済学部の学生であること、日本経済大学神戸三宮キャンパス・ユネスコクラブで活躍している（していた）こと、日本語能力試験N2に合格していることが共通点として挙げられる。詳しい情報は表１の通りである。

**【表1】調査対象者の詳しい情報（2019年8月現在）** [12]

| | ネパールの出身都市 | 学年 | 来日歴 | 日本語レベル（言語知識・読解・聴解） |
|---|---|---|---|---|
| A君 | チトワン郡 | 2018年度卒業生 | 6.5年 | N2（32・35・43） |
| B君 | チトワン郡 | 学部4年 | 5.5年 | N2（24・23・47） |
| C君 | チトワン郡 | 学部4年 | 5年 | N2（21・41・34） |
| D君 | バジャーン郡 | 学部3年 | 6年 | N2（30・19・49） |

## 3.2 調査方法

1) アンケート調査票の作成… 本調査では濱川（2016）の調査票（巻末資料1、3）を用いた。なお、学生の語学力による影響を最大限に抑えるため、はじめに調査票をネパール語に訳した（巻末資料2、4）。翻訳作業は、2019年7月30日～8月18日の間に、日本経済大学神戸三宮キャンパスに在籍している1年生のスラズさんとジェニスさんにお願いした。翻訳する際に、ラインを通して意味確認を行いながら作業を進めた。さらに、3年生のダルマさんに最終チェックを依頼した。

2) アンケート調査の実施… 2019年8月18日～8月23日の間に、D君に対して日本経済大学神戸三宮キャンパスにて調査を実施した。その他の3人はアンケート調査票を郵送し、自宅にて回答を記入して返信してもらうという形で行った。

## 3.3 調査票の質問項目

　本調査では、濱川（2016）の質問項目をネパール語に翻訳し、調査票として使用する。採用した理由としては、濱川（2016）の調査票が英語、インドネシア語、タイ語、ベトナム語、マレー語、ミャンマー語、ロシア語の7カ国語に訳されているため、今後、ネパール語以外の母語話者に対して調査を行い、本調査の結果と比較することが可能になる点である。

　漢字学習意識の調査票はAとBの2部から構成されている。調査Aは1問のみ、調査Bは39項目、6つのカテゴリーであった。質問項目は表2の通りである。調査表には、客観性を保つために、質問項目の順番を入れ替え、39項目で「5. 強く賛成する」から「1. 全然賛成しない」までの5段階評価[13]で行い各項目の平均値を求める。

## 【表 2】 漢字学習意識調査　調査 B の質問項目とカテゴリー分類

| 分類 | 意識（ビリーフ、信念、態度、認識） |
|---|---|
| 漢字の伝統・文化的な価値 | 日本文化を理解するために、漢字をたくさん知る必要がある |
| 適性 | 大人にとって、漢字学習は困難だ |
| | 漢字を学習するための特別な能力を持っている人がいる |
| 漢字の有効性 | 日本語能力を高めるために、漢字を勉強する必要がある |
| | 漢字のことばの意味が想像できると、日本語の文章がもっとわかりやすくなる |
| | 漢字の読み書きができると、周りの人に尊敬される |
| | 漢字がわかれば、様なもの（小説・まんが・新聞等）が読めるようになる |
| | 漢字かな交じり文で書いてある文章は、平仮名だけの文章に比べて読みやすい |
| | 漢字がわかると、日本・日本社会で生活しやすくなる |
| | パソコンでタイプするので、漢字を勉強する必要はあまりない |
| 漢字学習法 | 漢字をきれいに書かなければならない |
| | 漢字を書き順のとおりに書かなければならない |
| | 間違えそうなら、漢字を使わないほうがいい |
| | 漢字を書く能力より、漢字を読む能力のほうが大切だ |
| | 努力すれば、だれでも漢字学習は成功する |
| 漢字の難しさ | 漢字の数がたくさんあるから困る |
| | 漢字の形が複雑だから難しい |
| | 形の似ている漢字があるから難しい |
| | 漢字の書き方や書き順がわからないから困る |
| | 1 つの漢字に読み方がたくさんあるから難しい |
| | 読み方の似ている漢字が多いから難しい |
| | 漢字の読み方がわからないから困る |
| | 漢字の意味がわからないから困る |
| | 1 つの漢字を複数のことばで使うから難しい |
| | 漢字を覚えても、使い方がわからないから困る |
| | 努力しても、漢字が覚えられないからいやだ |
| | 覚えたのに、忘れてしまうからいやだ |
| | 漢字の学習方法がわからないからいやだ |
| | 漢字を暗記して覚える学習方法が好きだ |
| | いつまでも漢字学習が終わらない気がして、いやだ |

| | 漢字の書き方を勉強するのが楽しい |
|---|---|
| | 漢字がきれいに書けると嬉しい |
| | 漢字の形が絵のように見えて，おもしろい |
| | 漢字の読み方を勉強するのが楽しい |
| 情意面 | 音符がわかると，音読みがわかるから、おもしろい |
| | 部首に意味があるから、おもしろい |
| | 漢語（漢字のことば）を知っていたら、長く説明しなくてもいいから楽だ |
| | 漢字は文字なのに、読み方も意味も表すからおもしろい |
| | 難しいことにチャレンジするのが好きだ |

　漢字学習ストラテジーの調査票は、濱川（2016）がSILKを基にして、先行研究を参考しながら、過去に教室で実施してきたアンケート調査の結果などを踏まえて新しく開発されたものである。質問項目は43項目、11カテゴリーで、以上と同様「1. 全然賛成しない」までの5段階評価で行い、各項目の平均値を求めることにした。詳細は表3の通りである。

**【表3】漢字学習ストラテジー調査の質問項目とカテゴリー分類**

| 分類 | ストラテジー |
|---|---|
| 字形 | 新出漢字と日本語の文字（かなや簡単な漢字）を結びつけて連想する |
| | 新出漢字と記号を結びつけて連想する |
| | 形の似ている漢字を比較しながら覚える |
| | 何度も書いて、漢字を覚える |
| | 何度も見て、漢字を覚える |
| | 書き順に注意して練習する |
| 読み | 同じ読み方の漢字をグループに分けて覚える。（例:カイ「会・回・海」） |
| | 同じ音符をもつ漢字をグループに分けて覚える（例:コウ「校・効・郊」） |
| | 漢字の訓読みと音読みを同時に覚える |
| | 漢字の読み方/振り仮名を書く |
| | 日本語の文章を声を出しながら読んで、練習する |
| 意味 | 漢字のストーリーを自分で考えて、覚える |
| | 教科書のストーリーや教師に教えてもらったストーリーを使って、覚える |
| | 漢字の部首を見て、漢字の意味を想像する |
| | 同じ部首をもつ漢字をグループに分けて覚える（例:イ「伝・作・住」　） |
| | 似た意味や反対の意味の漢字を、ペアやグループにして練習する |
| | 意味のグループを作って覚える（例:曜日「月・火・水・木・金・土・日」） |

| 母語 | 新出漢字とアルファベット/母語の文字の形を結びつけて連想する |
| | 漢字の読み方と母語のことばの意味を結びつけて連想する |
| | 漢字の意味と母語のことばの読み方を結びつけて連想する |
| 用法 | 漢字だけでなく、ことば・熟語で覚える |
| | 漢字がわからないとき、文脈から意味を想像する |
| | 教科書の例文を、何度も読んで覚える |
| 運用 | 将来その漢字が必要になる場面を想像しながら、練習する |
| | できるだけ漢字を使う（例：授業中のメモ、宿題など） |
| | 文を作って新出漢字を覚える |
| | 日本語のテレビ・本・雑誌・歌などを使って、漢字を練習する |
| 検索 | 漢字がわからないとき、辞書で調べる |
| | 漢字を初めて見たところ（ページ）を記憶する |
| 他者 | 漢字がわからないとき、教師や友達に聞く |
| | 漢字の学習方法を、教師や友達に聞く |
| | 他の人と一緒に、漢字を勉強したり練習したりする |
| 計画 | どのくらい漢字を学びたいかという長期的な目標について考える |
| | 毎日/毎週決まった時間に、漢字を練習する |
| | 自分の漢字の学習方法について考える |
| 評価 | 既習漢字をわかっているか確認するために、定期的に、自分でテストする |
| | 覚えていない／自信がない漢字を、もう一度練習する |
| 教材 | 漢字学習用の教材を、個人的に買ったり、図書館で借りたりする |
| | パソコンやケータイ/スマホのプログラム/ソフトを使って、漢字を練習する |
| | 単語カードやフラッシュカードを使って、何度も練習する |
| | 新しく習った漢字やことば・熟語を書いて、リストにする |
| | 覚えられない漢字を書いて、リストにする |

## 4. 調査結果と考察

### 4.1 漢字学習意識について

　「漢字学習についてどう思っていますか？プラスイメージ・マイナスイメージをそれぞれで表し、合計100%にしてください」という問いに対して、A君は4:6、B君は3:7、C君は7.5:2.5、D君は7:3と答えた。B君以外の3人は概ね好意的に考えているようである。しかし、実際調査Bでより詳しく質問項目を設けると、その回答に必ずしも調査Aと同じ傾向が見られなかった。それは、調査対象者が「漢字学習」を「漢字」そのものに対するイメージについての質問と混同している可能性が高い。

第四部　研究報告

## 【表4】漢字学習意識調査　上位5位

| 質問項目 | 分類 |
|---|---|
| 日本語能力を高めるために、漢字を勉強する必要がある | 漢字の難しさ |
| 漢字がわかれば、さまざまなもの（小説、まんが、新聞等）が読めるようになる | 漢字の有効性 |
| 日本文化を理解するために、漢字をたくさん知る必要がある | 漢字の有効性 |
| 1つの漢字に読み方がたくさんあるから難しい | 情意面 |
| 形の似ている漢字があるから難しい | 漢字の難しさ |

## 【表5】漢字学習意識調査　下位3位

| 質問項目 | 分類 |
|---|---|
| パソコンでタイプするので、漢字を勉強する必要はあまりない | 漢字の有効性 |
| 大人にとって、漢字学習は困難だ | 適性 |
| 漢字を暗記して覚える学習方法が好きだ | 漢字の難しさ |

　調査Bの調査結果について、回答の平均値を昇順に並べ、上位5位を表4に、下位3位を表5に示す。

　表4、表5に質問項目の分類を見てみると、漢字の有効性と難しさに関する項目が最も多く挙がっている。そこから、対象者が「漢字がわかれば役に立ち、漢字学習が必要である」というイメージを持つ一方、「1つの漢字に読み方がたくさんある」「形の似ている漢字がある」という漢字の特殊性に学習の難しさを感じていることが窺える。

　カテゴリー別、対象者別で見ると、「漢字の伝統・文化的な価値」「漢字の有効性」「漢字の難しさ」が認識されていると同時に、「漢字の学習法」と「情意面」「漢字の難しさ」について、調査対象者の間に差が見られた。本調査において、対象者の漢字力をテストしていないが、日本語能力試験 N2 の読解の成績からある程度把握できると思われる。日本語能力試験 N2 における読解の成績とアンケート調査の結果を合わせて考察してみる。

　読解が苦手のようであるB君とD君は、A君とC君に比べて全体的に漢字学習に対する意識がネガティブという傾向がある。例えば、D君は「漢字の数・読み方が多い」「形・読み方が似ている」から「覚えてもすぐ忘れる」「いつまでも漢字学習が終わらない」に「強く賛成する・だいたい賛成する」と答えており、「努力すれば、だれでも漢字学習は成功する」「漢字の書き方・読み方を勉強するのが楽しい」に「あまり賛成しない」という回答であった。それに対して、読解力が高いようであるC君は、D君と同じように漢字学習の難しさを感じている一方、「努力すれば、だれでも漢字学習は成功する」「漢字の読み方を勉強するのが楽しい」「難しいことにチャレンジするのが好きだ」「漢字は文字なのに、読み

方も意味も表すからおもしろい」に対して「強く賛成する」というポジティブな答えを示した。そこから、日本語学習者が、漢字学習にポジティブな考えを持ち、その難しさを認識しながら、チャレンジしようとする前向きな学習態度と姿勢があるかどうかによって、学習効果が異なるということが言えよう。

さらに、A君とD君のどちらも（特にD君）読解より聴解のほうが得意のようであり、それは実際、アンケート調査の結果にも反映されている。例えば、D君のアンケート調査の回答から、漢字学習が難しいため面白くないという印象を受けた一方、「漢字の書き方より読み方のほうが大事だと思う」「音符がわかると、音読みがわかるから、おもしろい」といった漢字の読み方に関する質問にはポジティブな答えが示された。それはネパール人日本留学生がよく言う「コミュニケーションのほうが大事で、読み書きはできなくてもいい」という意識に関係する可能性がある。日本語学習について、ネパール人日本留学生にとっての漢字学習とほかの学習項目との関係性については、今後の調査課題にしたい。

なお、「パソコンでタイプするので、漢字を勉強する必要はあまりない」に「賛成しない」理由は、対象者4人がパソコンを所持していないか、購入したばかりのため、まだパソコン入力に慣れていない現実的な状況にある。それがネパール人日本留学生の一般的な状況と考えられるため、今後その質問項目をアンケート調査表から削除してもよいであろう。

## 4.2　漢字学習ストラテジーについて

調査対象者4人のうち、3人以上「いつも使う」とした漢字学習ストラテジーを表6に、「全然使わない」「あまり使わない」とした漢字学習ストラテジーを表7に示す。

### 【表6】「いつも使う」とした漢字学習ストラテジー

| 質問項目 | 分類 |
| --- | --- |
| 漢字がわからないとき、辞書で調べる | 検索 |
| 漢字の学習方法を、教師や友達に聞く | 他者 |
| パソコンやケータイ/スマホのプログラム/ソフトを使って、漢字を練習する | 教材 |
| 漢字の意味と母語のことばの読み方と結びつけて連想する | 母語 |
| 漢字学習用の教材を、個人的に買ったり、図書館で借りたりする | 教材 |
| 漢字だけでなく、ことば・熟語で覚える | 用法 |
| 漢字がわからないとき、教師や友達に聞く | 意味 |
| 漢字の部首を見て、漢字の意味を想像する | 他者 |
| 意味のグループを作って覚える（例：曜日「月・火・水・木・金・土・日」） | 字形 |

**【表7】「全然使わない」「あまり使わない」とした漢字学習ストラテジー**

| 質問項目 | 分類 |
|---|---|
| 自分の漢字の学習方法について考える | 計画 |
| 毎日/毎週決まった時間に、漢字を練習する | 計画 |
| 漢字を初めて見たところ（ページ）を記憶する | 検索 |
| 教科書の例文を、何度も読んで覚える | 用法 |
| 漢字の訓読みと音読みを同時に覚える | 読み |

　表6のように、4人とも中級以上の学習者のため、一個一個の漢字で覚えるのではなく、母語のことばの読み方と結びつけて連想し、ことば・熟語や意味のグループを作って覚えるといった学習ストラテジーが確立している。そのほか、図書館から教材を借りたり、パソコンやソフト、アプリで勉強と練習をしたりし、わからないときに教師や友達に聞いたり、辞書で調べたりするように、自律学習がある程度できているように思われる。

　その一方、表7のように、決まった時間に勉強することや自分自身に合う学習ストラテジーについて考えることができておらず、計画的に学習することが課題になっている。この点について、以下のような理由が考えられる。

　まず、2. でまとめたように、ネパール人日本留学生の多くは、出稼ぎと仕送りを目的として来日し、厳しい経済状況に置かれ、バイトのしすぎで日本語学習の支障が生じてしまうことがある（岩切, 2015・2017・2018）。そのため、学校以外の学習時間がほとんど確保できないという現実的な問題が存在している。

　そして、嶋田（2014）でも言及されているように、漢字圏の学習者に慣れている日本語学校や専門学校が、非漢字圏学習者の急増によって、「非漢字圏学習者に具体的にどのような学習指導法があるのか、漢字の指導はどうすればいいのか」といった課題に直面しているという。調査対象者の4人が来日した2013年、2014年は、ネパール人が日本へ留学するブームのはじまりであったため、日本国内の日本語教育機関でもネパール人日本留学生への指導方法が確立されておらず、特に漢字指導の課題が目立つだろう。指導側も学習者側も試行錯誤しながら漢字指導、漢字学習の方法を探る状況だったと推測される。

　本来は、漢字学習の初期に日本語教師から指導を受けながら、自分自身に合う学習ストラテジーを模索し、中級、上級へと進むにつれ、自学自習にだんだん自信がつき、様々な学習ストラテジーが使用できるようになってくるというのが理想である。そのため、「初級から中級までの一貫した自律学習をめざした漢字指導が不可欠と思われる」（豊田, 1995）。しかし、上記で述べたように、教室内でしか漢字学習ができないにもかかわらず、日本語

教育現場にはいろいろな問題が存在しているため、中級になっても難しく感じる漢字学習を計画的に行うことができない状況になってしまうと考えられる。この点について、今後フォローアップインタビュー調査を通じて、より詳しく考察することとしたい。

## 5. まとめと今後の課題

　本稿では、「2017 年ネパール国際ボランティア」に参加したネパール人日本留学生の 4人に対して、漢字学習意識と学習ストラテジーのアンケート調査を行った。その結果、漢字学習意識については、(1) 漢字学習にポジティブな考えを持ち、その難しさを認識しながら、チャレンジしようとする前向きな学習態度と姿勢がある学習者のほうが、学習効果がよい傾向があり、(2) 漢字学習の必要性を強く感じる学生のほうが、漢字学習に努力し、よい学習効果に結びつく可能性が高い。また、漢字学習ストラテジーについては、(3) ある程度漢字学習ストラテジーが確立されている学習者でも、計画的に自律学習をすることができていない課題が見られ、(4) それは生活面の事情により教室外の学習時間が確保しがたいことと、教室内の指導に問題が多く存在するからと考えられる。

　本調査では多くの日本語教育機関において学生の構成バランスが変化し、漢字圏の学習者を中心に組まれていたカリキュラム・進度等を、非漢字圏出身学習者用または漢字圏・非漢字圏混合クラス用に見直す必要が出てきていることが結果として裏付けられた。今後、より多くのネパール人日本留学生を対象にして調査を行い、日本語習得度、来日歴、漢字力による違いを明らかにしたいと考える。


## 注

[1]　出発する前、私が教えるネパール人留学生たちはカトマンズに日本語学校が非常に少なく、ほとんどの状況が把握できているから安心して欲しいと語っていた。校長先生の代わりに状況を教えてくれることができるとも言っていた。しかし、実際カトマンズを訪ねると、日本語学校がたくさん増えており、来日後 4年、5年ぶりに帰国した彼らが変化に驚くという予想外の状況だった。

[2]　ネパールにおいて日本語教育が盛んになっている背景には 2 つ挙げられている。まず、観光業が主要産業の一つであるネパールに、毎年 2 万人台の日本人が訪問しているため、ホテル、ガイドなど観光業に携わる人々の日本語熱が高い。また、ネパールの経済状況、政情不安が若者たちを海外に送り出す要因となっており、2015 年に日本が主な留学先の 1 位となったという。

[3]　2001 年から 2017 年、日本に在籍するネパール人留学生数は以下の通りである。2001 年 283 人、2002 年 307 人、2003 年 344 人、2004 年 462 人、2005 年 617 人、2006 年 998 人、2007 年 1309 人、2008 年 1476 人、2009 年 1628 人、2010 年 1829 人、2011 年 2016 人、2012 年 2451 人、2013 年 3188 人、2014 年 10488 人、2015 年 16250 人、2016 年 19471 人、2017 年 21500 人である（日本学生支援機構「外国人留学生在籍状況調査結果（平成 13 年度－30 年度）」による）。

[4]　髙井・中島・陣・二宮・坂井・中里・福重（2018）で明示されていないが、筆者が勤務している神戸三宮キャンパスでは，アンケート調査の対象者の中にネパール人日本留学生が15人いた。そのうち、「日本語クラスで勉強したいこと」について「漢字の読み」を9人が、「漢字の書き」を10人が選択した。「日本語で困っていること」について自由記述をしてもらったが、「大学で漢字の書き読みができない」「家に手紙・書類（保険・年金・税金等）やお知らせが来たとき」という回答が最も多かった。

[5]　本稿における「学習ストラテジー」の定義は、オックスフォード（1994）を参照する。「学習ストラテジーとは、学習をより易しく、より早く、より楽しく、より自主的に、より効果的に、かつ新しい状況に素早く対処するために学習者がとる具体的な行動である」（pp.8-9）。

[6]　調査は福岡市日本語学校に通うネパール人留学生インフォマート8名を対象にし、90分～166分のインターネット調査を行われた。インタビューの内容は「これまでの人生について順を追って語ってもらった。次に、日本における平均的な一週間の生活について聞いていき、重要だと思われた点に関して、対話を探り下げていった。最後にこれまでの日本の生活を振り返り、どのような感想や評価を抱いているかを尋ね、自らの将来とどのように結び付けていこうと考えているのか語ってもらった」というものである（岩切，2018:38）。

[7]　ネパール教育省のデータにより、ネパール人の主な留学先は、2010年までに上位3位はイギリス、アメリカ、オーストラリアであった。日本は2012年までには4位～5位の位置を占めていたが、2013年には2位となり、2015年には1位となった。その理由として、アメリカやオーストラリアと比較すると学費が安価であることと、週28時間のアルバイトが可能であることが考えられる（佐藤，2012）。

[8]　「沖縄のA日本語学校を卒業したネパール人留学生へのインタビュー調査」、「沖縄県内の日本語学校に勤める日本語教師へのアンケート調査及びインタビュー調査」という2つの事前調査の結果を元にして設けられている。事前調査を通して、以下の①から⑤を一例とした対立構造が学習者、時には日本語教師を巻き込んでいるという結果がわかったという。①留学前の理想と留学後の現実、②学習意欲が高い学習者とそうでない学習者、③日本語教師と学習者、④ネパール文化や習慣と日本文化や習慣、⑤日本語学校の運営と日本語教師。

[9]　「共話」と「対話」という2つの発話パターンについて、より詳しい説明は水谷（1993）を参照されたい。

[10]　教科書を見て書くように指示するより、手書きの見本を見せて視写を課すほうが、より視写にきちんと取り組む傾向がある。それは、手書きのほうが、字体によって特徴のある印字された文字よりも字形の正確な認識に役立つと言えるという（土屋，2013:76）。

[11]　Oxford（1986:5）は語学学習ストラテジー教育の利点について、次のように述べている。"Second language learning strategies are important because they improve language performance, encourage learner autonomy, are teachable, and expand the role of the teacher in significant ways."

[12]　日本語能力試験N2の「言語知識・読解・聴解」の得点区分別得点である。日本語能力試験N2は日常的な場面で使われる日本語の理解に加え、より幅広い場面で使われる日本語をある程度理解することができるレベルである。「言語知識・読解・聴解」の3区分から構成され、それぞれ60点、合わせて180点である。合格するためには、①総合得点が90点以上であること、② 各得点区分の得点が19点（基準点）以上であること、の2つが必要である（日本語能力試験公式ウェブサイト

https://www.jlpt.jp/index.html による)。

[13] 濱川 (2017) では「1. 強く賛成する」から「5. 全然賛成しない」までとしているが、数字が大きい
　　ほど「強く賛成する」イメージが強まると考えられるため、本調査では逆にした。


**参考文献**

石田敏子 (1984)「国際化の中で漢字とは」海保博之編『漢字を科学する』pp. 154-190, 有斐閣.

ウラムバヤル ツェツェグドラム (2005)「モンゴル国立科学技術大学の学生が使用している漢字学習スト
　　ラテジー -漢字シラバスの作成に向けて-」『日本言語文化研究会論集』創刊号, pp. 201-228.

ヴェントゥーラ・フランチェスカ (2007)「フィリピン人日本語学習者と教師の漢字学習に対するビリーフ
　　とストラテジー使用-漢字教育の改善のために-」『日本言語文化研究会論集』(3), pp. 141-168.

岩切朋彦 (2015)「日本語学校におけるネパール人学生の様祖とその諸問題-福岡県 A 校に通うネパール
　　人学生へのライフストーリーインタビューから-」『西南学院大学大学院国際文化研究論集』
　　(9), pp. 79-112, 西南学院大学大学院.

―――― (2017)「「働く留学生」をめぐる諸問題についての考察(1)：グローバルな移民現象としてのネパー
　　ル人留学生」『鹿児島女子短期大学紀要』(53), pp. 15-24, 鹿児島女子短期大学.

―――― (2018)「「働く留学生」をめぐる諸問題についての考察(2)福岡市の日本語学校に通うネパール人
　　留学生のエスノグラフィ」『鹿児島女子短期大学紀要』(54), pp. 37-49, 鹿児島女子短期大学.

大北葉子 (1995)「漢字学習ストラテジーと学生の漢字学習に対する信念」『世界の日本語教育』(5),
　　pp. 105-124, 国際交流基金日本語国際センター.

下瀬川慧子 (1984)「学部留学生の漢字学習についての意識と方法:アンケート調査と座談会から」『東海大
　　学紀要. 留学生教育センター』5, pp. 33-51.

嘉手川隼 (2016)「沖縄県内の日本語学校におけるネパール人学習者の現状と特徴について ： A 日本語学
　　校の事例を中心に」『地域文化論叢』(17), pp. 37-60, 沖縄国際大学大学院地域文化研究科.

加納千恵子 (1997)「非漢字圏学習者の漢字力と習得過程」『日本語教育論文集-小出詞子先生退職記念』,
　　pp. 257-268, 凡人社.

川口良 (2001)「日本語母語話者と日本語非母語話者の相談場面における会話の分析--日本人, ネパール人,
　　台湾人の談話展開の比較」『国際研究論集』(13-4), pp. 1-18, 秀明大学国際研究学会.

清水百合 (1994)「漢字学習のあり方に関する学習者の問題意識調査(1)」『筑波大学留学生センター日本語
　　教育論集』(9), pp. 51-60.

―――― (1995)「漢字学習のあり方に関する学習者の問題意識調査(2)」『筑波大学留学生センター日本語
　　教育論集』(10), pp. 29-40.

坂野永理・池田庸子 (2009)「非漢字圏学習者の漢字学習意識とストラテジー使用」『留学生教育』(14),
　　pp. 13-21, 留学生教育学会.

佐藤由利子 (2012)「ネパール人日本留学生の特徴と増加要因の分析:送出し圧力が高い国に対する留学生
　　政策についての示唆」『留学生教育』(17), pp. 19-28, 留学生教育学会.

嶋田和子 (2014)「非漢字圏学習者に対する日本語指導法-「学ぶこと・教えること」の抜本的な見直し」
　　『留学交流』(45), pp. 1-16, 日本学生支援機構.

高井曜子・中島由季子・陳秀茵・二宮いづみ・坂井ケイ・中里亜希子・福重一成 (2018)「大学における日

本語教育の可能性－日本経済大学の「これまで」と「これから」－」『日本経大論集』(49-1)，日本経済大学アジアパシフィック経済研究所.

タン ティ キム テュエン (2010)「非漢字圏日本語学習者の漢字学習ストラテジーに関する実証的研究－ベトナム人日本語学習者を対象として－」『Ulis』(ハノイ国家大学外国語大学論集)

&lt;http://data.ulis.vnu.edu.vn/jspui/handle/123456789/1320&gt; (2019年6月06日閲覧)

土屋理恵 (2013)「"漢字を教える"ということを考える : ベトナム・ネパール人学生に対する初級日本語教育を通して」『教育研究フォーラム : 学校法人タイケン学園グループ研究誌 』(5)，pp.70-78.

豊田悦子 (1995)「漢字学習に対する学習者の意識」『日本語教育』 (85)，p101-113.

中村重穂 (1997)「日本語学習者の漢字学習ストラテジーに関する調査と考察」『日本語教育研究』(33)，pp.107-112,言語文化研究所.

松本順子 (2004)「日本語学習者の漢字認識ストラテジー---英語母語話者の場合」『言語科学研究』 (10)，pp.67-85,神田外語大学.

水谷信子 (1993)「『共話』から『対話』へ」『日本語学』(12)，pp.4-10，明治書院.

濱川裕紀代 (2016)『漢字教育の実践と学習の方法論-長期記憶によるつながりを踏まえて』,埼玉大学大学院博士学位論文.

柳基憲 (2017)「ネパール人留学生の実態に関する研究 : 福岡で学ぶ留学生を対象として」『都市政策研究』 (18)，pp.113-125，福岡アジア都市研究所.

柳田しのぶ (2011)「非漢字圏日本語学習者における漢字学習への意識-フランスの大学生を対象に-」『JSL漢字学習研究会誌』(3) ，pp.8-13.

Bourke, B. (1996) *Maximizing Efficiency in the kanji Learning Task*. Dissertation, University of Queensland, Brisbane, Australia.

Oxford, Rebecca L. (1986) *Second Language Learning Strategies: Current Research and Implications for Practice*. Los Angeles:Center for Language Education and Rearch, University of Califonia Los Angeles.

──────── (1990) *Language Learning Strategies:What Every Teacher Should Know*. New York: Newbury House Publishers.

──────── (1994)『言語学習ストラテジー──外国語教師が知っておかなければならないこと』宍戸通庸・伴紀子 (翻訳),凡人社.

Gamage, G.H. (2003)*Perceptions of kanji learning strategies:Do they differ among Chinese character and alphabetic background learners?* Australian Review of Applied Linguistics,26 (2) ,pp.17-31.

## 参考資料

国際交流基金『日本語教育国・地域別情報ネパール (2016年度)』

https://www. jpf.go.jp/j/project/japanese/survey/area/country/2016/mongolia.html (2019年7月31日閲覧).

日本学生支援機構「外国人留学生在籍状況調査結果」(平成13年度-30年度)

&lt;https://www.jasso.go.jp/about/statistics/intl_student_e/index.html&gt; (2019年7月31日閲覧).

**謝辞**

　質問紙調査票翻訳においては、チャンテル・タパ・スラズさん、ダーギ・ジェニスさん、パッティ・ダルマ・ラズさんに翻訳とチェックを快くお引き受けいただきました。質問項目が多く、翻訳協力者と調査協力者にかかる負担が大きかったと存じます。ご協力いただいたことに心より感謝いたします。

第四部　研究報告

**巻末資料1**　　　　　　　　　漢字学習意識・調査票（日本語）

A. あなたは、漢字学習についてどのようなイメージを持っていますか。

プラスイメージ（楽しい・おもしろい・明るい　など）がありますか？

マイナスイメージ（苦しい・つらい・暗い　など）がありますか？

　□　の中に数字を入れて、100％にしてください。

プラスイメージ □ ％　｜　マイナスイメージ □ ％　＝100％

B. あなたは漢字学習について、どう思っていますか。

項目1〜39をよく読んで、「5. 強く賛成する　4. だいたい賛成する　3. どちらともいえない　2. あまり賛成しない　1. 全然賛成しない」の中から適当なものを1つだけ選び、○をつけてください。

強く賛成する⇔全然賛成しない

| 項目 | 5 | 4 | 3 | 2 | 1 |
|---|---|---|---|---|---|
| 01. 漢字を書く能力より、漢字を読む能力のほうが大切だ | 5 | 4 | 3 | 2 | 1 |
| 02. 1つの漢字に読み方がたくさんあるから難しい | 5 | 4 | 3 | 2 | 1 |
| 03. 音符がわかると、音読みがわかるから、おもしろい | 5 | 4 | 3 | 2 | 1 |
| 04. 大人にとって、漢字学習は困難だ | 5 | 4 | 3 | 2 | 1 |
| 05. 覚えたのに、忘れてしまうからいやだ | 5 | 4 | 3 | 2 | 1 |
| 06. 1つの漢字を複数のことばで使うから難しい | 5 | 4 | 3 | 2 | 1 |
| 07. 形の似ている漢字があるから難しい | 5 | 4 | 3 | 2 | 1 |
| 08. 漢語（漢字のことば）を知っていたら、長く説明しなくてもいいから楽だ。 | 5 | 4 | 3 | 2 | 1 |
| 09. いつまでも漢字学習が終わらない気がして、いやだ | 5 | 4 | 3 | 2 | 1 |
| 10. 漢字がきれいに書けると嬉しい | 5 | 4 | 3 | 2 | 1 |
| 11. 漢字の学習方法がわからないからいやだ | 5 | 4 | 3 | 2 | 1 |
| 12. 漢字がわかると、日本・日本社会で生活しやすくなる | 5 | 4 | 3 | 2 | 1 |
| 13. 漢字の意味がわからないから困る | 5 | 4 | 3 | 2 | 1 |
| 14. 読み方の似ている漢字が多いから難しい | 5 | 4 | 3 | 2 | 1 |
| 15. 漢字の書き方を勉強するのが楽しい | 5 | 4 | 3 | 2 | 1 |
| 16. 漢字がわかれば、さまざまなもの（小説・まんが・新聞等）が読めるようになる | 5 | 4 | 3 | 2 | 1 |
| 17. 漢字の数がたくさんあるから困る | 5 | 4 | 3 | 2 | 1 |
| 18. 漢字の形が絵のように見えて、おもしろい | 5 | 4 | 3 | 2 | 1 |
| 19. 難しいことにチャレンジするのが好きだ | 5 | 4 | 3 | 2 | 1 |
| 20. 漢字の書き方や書き順がわからない | 5 | 4 | 3 | 2 | 1 |
| 21. パソコンでタイプするので、漢字を勉強する必要はあまりない | 5 | 4 | 3 | 2 | 1 |
| 22. 漢字の形が複雑だから難しい | 5 | 4 | 3 | 2 | 1 |
| 23. 漢字の読み書きができると、周りの人に尊敬される | 5 | 4 | 3 | 2 | 1 |
| 24. 努力しても、漢字が覚えられないからいやだ | 5 | 4 | 3 | 2 | 1 |
| 25. 漢字のことばの意味が想像できると、日本語の文章がもっとわかりやすくなる | 5 | 4 | 3 | 2 | 1 |
| 26. 漢字の読み方がわからないから困る | 5 | 4 | 3 | 2 | 1 |
| 27. 日本語能力を高めるために、漢字を勉強する必要がある | 5 | 4 | 3 | 2 | 1 |
| 28. 漢字は文字なのに、読み方も意味も表すからおもしろい | 5 | 4 | 3 | 2 | 1 |
| 29. 漢字を暗記して覚える学習方法が好きだ | 5 | 4 | 3 | 2 | 1 |
| 30. 日本文化を理解するために、漢字をたくさん知る必要がある | 5 | 4 | 3 | 2 | 1 |
| 31. 漢字を覚えても、使い方がわからないから困る | 5 | 4 | 3 | 2 | 1 |
| 32. 漢字の読み方を勉強するのが楽しい | 5 | 4 | 3 | 2 | 1 |
| 33. 部首に意味があるから、おもしろい | 5 | 4 | 3 | 2 | 1 |
| 34. 漢字を書き順のとおりに書かなければならない | 5 | 4 | 3 | 2 | 1 |
| 35. 漢字かな交じり文で書いてある文章は、ひらがなだけの文章に比べて読みやすい | 5 | 4 | 3 | 2 | 1 |
| 36. 漢字を学習するための特別な能力を持っている人がいる | 5 | 4 | 3 | 2 | 1 |
| 37. 漢字をきれいに書かなければならない | 5 | 4 | 3 | 2 | 1 |
| 38. 努力すれば、だれでも漢字学習は成功する | 5 | 4 | 3 | 2 | 1 |
| 39. 間違えそうなら、漢字を使わないほうがいい | 5 | 4 | 3 | 2 | 1 |

＊実際の調査票には総ルビが施されている（以下、同様）

巻末資料2 　　　　　　　漢字学習意識・調査票（ネパール語）

## A. खान्जी पढ्ने बारे तपाईसंग कस्तो प्रकारको छवी छ?

के तपाइसँग सकारात्मक छवि छ (रमाईलो / चाखलाग्दो / जीवन्त, आदि)? के तपाईसँग नकारात्मक छवि छ (गाह्रो / कठिन / सुस्त, आदि)? कृपया तल दिईएको बक्समा एउटा नम्बर राख्नुहोस्, ताकि तिनीहरूले १००% सम्म थप्न सक्न।

सकारात्मक छवि [　　] % + नकरात्मक छवि [　　] % = १००%

## B. तपाईँ खान्जी पढ्नमा कस्तो महसुस गर्नुहुन्छ?

कृपया आइटम १ देखि ३९ सम्म पढ्नुहोस् र न निम्न मध्येबाट सर्बे भन्दा उपयोगी विकल्पलाई चिन्ह लगाउनुहोस्।:
५=एकदम सहमत, ४=अलीअली सहमत, ३=कुनैपनि होईन, २=अलीकती असहमत, १=एकदमै असहमत

एकदम सहमत⇔एकदमै असहमत

| | | | | | |
|---|---|---|---|---|---|
| 01. खान्जी पढ्ने भन्दा खान्जी लेख्ने क्षमता बढी महत्त्वपूर्ण | 5 | 4 | 3 | 2 | 1 |
| 02. यो गाह्रो छ किनकि एक खान्जी बहुविध्ये तरीकाले पढ्न सकिन्छ | 5 | 4 | 3 | 2 | 1 |
| 03. यो चाखलाग्दो छ किनकि तपाईले आवाजको प्रतिनिधित्व गर्ने भाग पहिचान गरेपछि यो अन-योमी (चिनियाँ पढाइ) को भन्न सक्नुहुन्छ | 5 | 4 | 3 | 2 | 1 |
| 04. युवाहरुको लागि खान्जी सिक्न गाह्रो छ | 5 | 4 | 3 | 2 | 1 |
| 05. यो कष्टदायक छ किनभने तपाई खान्जी बिर्सनुभयो जुन तपाईले सम्झनु हुन्थ्यो | 5 | 4 | 3 | 2 | 1 |
| 06. यो गाह्रो छ किनकि एक खान्जी बहु शब्दमा प्रयोग भएको हुन्छ | 5 | 4 | 3 | 2 | 1 |
| 07. यो गाह्रो छ किनकि त्यहाँ यस्तै आकारका खान्जी छन् | 5 | 4 | 3 | 2 | 1 |
| 08. यो कांगो (खान्जी शब्दावली) लाई जान्न सजिलो छ किनकि यसले विस्तृत विवरणको आवश्यकतालाई हटाउँदछ | 5 | 4 | 3 | 2 | 1 |
| 09. तपाईलाई खान्जी पढ्न कहिल्यै सकिन्न भन्ने लाग्छ भने यो कष्टप्रद छ | 5 | 4 | 3 | 2 | 1 |
| 10. खान्जी सफासँग लेख्न सक्षम हुनु राम्रो छ | 5 | 4 | 3 | 2 | 1 |
| 11. तपाईलाई खान्जी पढ्नका लागि राम्रा रणनीतिहरू थाहा छैन भने यो कष्टप्रद छ | 5 | 4 | 3 | 2 | 1 |
| 12. यदि तपाई खान्जी बुझ्नुहुन्छ भने यसले जापान र जापानी समाज/जीवनलाई सजिलो बनाउँदछ | 5 | 4 | 3 | 2 | 1 |
| 13. खान्जीको अर्थ नबुझ्दा तपाईलाई असर गर्दछ | 5 | 4 | 3 | 2 | 1 |
| 14. खान्जी गाह्रो छ किनकि यस्तै उच्चारण सहित धेरै खान्जी छन् | 5 | 4 | 3 | 2 | 1 |
| 15. यो खान्जी कसरी लेख्ने भनेर अध्ययन गर्न रमाईलो छ | 5 | 4 | 3 | 2 | 1 |
| 16. खान्जीले तपाईलाई विभिन्न सामग्रीहरू (उपन्यास, अखबार, आदि) पढ्न सक्षम बनाउँछ | 5 | 4 | 3 | 2 | 1 |
| 17. यो गाह्रो छ किनकि खान्जी धेरै संख्यामा छन् | 5 | 4 | 3 | 2 | 1 |
| 18. यो चाखलाग्दो छ किनभने खान्जीको आकार चित्र जस्तो देखिन्छ | 5 | 4 | 3 | 2 | 1 |
| 19. यो गाह्रो चुनौती लिनको लागी रमाईलो छ | 5 | 4 | 3 | 2 | 1 |
| 20. खान्जी कसरी लेख्ने थाहा छैन भने अवश्य यसले तपाईलाई तनाब गर्छ | 5 | 4 | 3 | 2 | 1 |
| 21. धेरै खान्जी पढ्न त्यति आवश्यक छैन किनकि तपाई जापानी टाइप गर्न कम्प्युटर प्रयोग गर्नुहुन्छ | 5 | 4 | 3 | 2 | 1 |
| 22. खान्जी गाह्रो छ किनकी यसको आकार र संरचना जटिल छ | 5 | 4 | 3 | 2 | 1 |
| 23. यदि तपाईलाई खान्जी पढ्न र लेख्ने औंछ भने अरुले तपाईलाई सम्मान गर्छन | 5 | 4 | 3 | 2 | 1 |
| 24. यो कष्टप्रद छ यद्यपी तपाईको प्रयासको बावजूद खान्जी याद गर्न सक्नुहुन्न | 5 | 4 | 3 | 2 | 1 |
| 25. तब जापानी ग्रन्थहरू बुझ्न सजिलो हुन्छ जब तपाई खान्जीको अर्थ के हो भनेरअनुमान गर्न सक्नुहुन्छ | 5 | 4 | 3 | 2 | 1 |
| 26. खान्जीको उच्चारण नजान्नाले तपाईलाई तनाब हुन थाल्छ | 5 | 4 | 3 | 2 | 1 |
| 27. जापानी भाषाको दक्षता सुधार गर्न खान्जी पढ्न अनिवार्य छ | 5 | 4 | 3 | 2 | 1 |
| 28. यो चाखलाग्दो छ किनकि खान्जीले अर्थ, ध्वनि र विशेषता प्रस्तुत गर्दछ | 5 | 4 | 3 | 2 | 1 |
| 29. खान्जी सम्झनको लागि संस्कारको रणनीति प्रयोग गर्न रमाईलो छ | 5 | 4 | 3 | 2 | 1 |
| 30. जापानी संस्कृति बुझ्नको लागि धेरै खान्जी जान्नु आवश्यक छ | 5 | 4 | 3 | 2 | 1 |
| 31. यदि तपाई खान्जी काहिले प्रयोग गर्ने भनेर निश्चित हुनुहुन्न भने तपाईको लागि यो कठीन हुनसक्छ | 5 | 4 | 3 | 2 | 1 |
| 32. खान्जीको उच्चारण अध्ययन गर्न रमाईलो छ | 5 | 4 | 3 | 2 | 1 |
| 33. यो चाखलाग्दो छ किनभने मुलभुत अर्थ एक हुन्छ | 5 | 4 | 3 | 2 | 1 |
| 34. खान्जी सही वर्णानुक्रम प्रयोग गरेर लेख्नुपर्छन | 5 | 4 | 3 | 2 | 1 |
| 35. केवल हिरागानामा मात्र लेखिएको भन्दा खान्जी र हीरागाना दुबैमा लेखिएको पाठ पढ्न सजिलो हुन्छ | 5 | 4 | 3 | 2 | 1 |
| 36. केही अक्तिहरूसँग खान्जी सिक्नका लागि विशेष प्रतिभा हुन्छ | 5 | 4 | 3 | 2 | 1 |
| 37. खान्जी शुद्धसँग लेख्नुपर्छ | 5 | 4 | 3 | 2 | 1 |
| 38. जो कोही सफल प्रयासका साथ खान्जी सिक्न सक्छन् | 5 | 4 | 3 | 2 | 1 |
| 39. यदि तपाईले गल्ती गर्नुभयो भने खान्जी प्रयोग नगर्नु राम्रो हुन्छ | 5 | 4 | 3 | 2 | 1 |

**巻末資料3**　　　　　　　　　漢字学習ストラテジー・調査票（日本語）

<漢字の学習方法>

あなたは漢字を勉強するとき、どのような方法を使っていますか。

　項目1から42をよく読んで、「5. いつも使う　4. だいたい使う　3. どちらともいえない　2. あまり使わない　1. 全然使わない」の中から適当なものを1つだけ選び、○をつけてください。項目1から42を読んでも、どのような方法か想像できないなら、「1. 全然使わない」に○をつけてください。

いつも使う⇔全然使わない

| | | | | | |
|---|---|---|---|---|---|
| 01. 新しく習った漢字やことば・熟語を書いて、リストにする | 5 | 4 | 3 | 2 | 1 |
| 02. 意味のグループを作って覚える（例:曜日「月・火・水・木・金・土・日」） | 5 | 4 | 3 | 2 | 1 |
| 03. 同じ音符をもつ漢字をグループに分けて覚える（例:コウ「校・効・郊」） | 5 | 4 | 3 | 2 | 1 |
| 04. 覚えていない／自信がない漢字を、もう一度練習する | 5 | 4 | 3 | 2 | 1 |
| 05. 書き順に注意して練習する | 5 | 4 | 3 | 2 | 1 |
| 06. 形の似ている漢字を比較しながら覚える | 5 | 4 | 3 | 2 | 1 |
| 07. 同じ部首をもつ漢字をグループに分けて覚える（例:イ「伝・作・住」　） | 5 | 4 | 3 | 2 | 1 |
| 08. 漢字の学習方法を、教師や友達に聞く | 5 | 4 | 3 | 2 | 1 |
| 09. 漢字学習用の教材を、個人的に買ったり、図書館で借りたりする | 5 | 4 | 3 | 2 | 1 |
| 10. 漢字がわからないとき、辞書で調べる | 5 | 4 | 3 | 2 | 1 |
| 11. 漢字だけでなく、ことば・熟語で覚える | 5 | 4 | 3 | 2 | 1 |
| 12. 漢字の意味と母語のことばの読み方を結びつけて連想する | 5 | 4 | 3 | 2 | 1 |
| 13. 同じ読み方の漢字をグループに分けて覚える。（例:カイ「会・回・海」） | 5 | 4 | 3 | 2 | 1 |
| 14. 漢字の訓読みと音読みを同時に覚える | 5 | 4 | 3 | 2 | 1 |
| 15. 漢字がわからないとき、文脈から意味を想像する | 5 | 4 | 3 | 2 | 1 |
| 16. 漢字のストーリーを自分で考えて、覚える | 5 | 4 | 3 | 2 | 1 |
| 17. 漢字の部首を見て、漢字の意味を想像する | 5 | 4 | 3 | 2 | 1 |
| 18. 漢字の読み方と母語のことばの意味を結びつけて連想する | 5 | 4 | 3 | 2 | 1 |
| 19. 漢字を初めて見たところ（ページ）を記憶する | 5 | 4 | 3 | 2 | 1 |
| 20. 既習漢字をわかっているか確認するために、定期的に、自分でテストする | 5 | 4 | 3 | 2 | 1 |
| 21. 教科書のストーリーや教師に教えてもらったストーリーを使って、覚える | 5 | 4 | 3 | 2 | 1 |
| 22. 教科書の例文を、何度も読んで覚える | 5 | 4 | 3 | 2 | 1 |
| 23. 自分の漢字の学習方法について考える | 5 | 4 | 3 | 2 | 1 |
| 24. 将来その漢字が必要になる場面を想像しながら、練習する | 5 | 4 | 3 | 2 | 1 |
| 25. 新出漢字とアルファベット／母語の文字の形を結びつけて連想する | 5 | 4 | 3 | 2 | 1 |
| 26. 単語カードやフラッシュカードを使って、何度も練習する | 5 | 4 | 3 | 2 | 1 |
| 27. できるだけ漢字を使う（例:授業中のメモ、宿題など） | 5 | 4 | 3 | 2 | 1 |
| 28. どのくらい漢字を学びたいかという長期的な目標について考える | 5 | 4 | 3 | 2 | 1 |
| 29. 何度も書いて、漢字を覚える | 5 | 4 | 3 | 2 | 1 |
| 30. 新出漢字と日本語の文字（かなや簡単な漢字）を結びつけて連想する | 5 | 4 | 3 | 2 | 1 |
| 31. 何度も見て、漢字を覚える | 5 | 4 | 3 | 2 | 1 |
| 32. 似た意味や反対の意味の漢字を、ペアやグループにして練習する | 5 | 4 | 3 | 2 | 1 |
| 33. 日本語のテレビ・本・雑誌・歌などを使って、漢字を練習する | 5 | 4 | 3 | 2 | 1 |
| 34. 新出漢字と記号を結びつけて連想する | 5 | 4 | 3 | 2 | 1 |
| 35. パソコンやケータイ／スマホのプログラム／ソフトを使って、漢字を練習する | 5 | 4 | 3 | 2 | 1 |
| 36. 文を作って新出漢字を覚える | 5 | 4 | 3 | 2 | 1 |
| 37. 毎日／毎週決まった時間に、漢字を練習する | 5 | 4 | 3 | 2 | 1 |
| 38. 覚えられない漢字を書いて、リストにする | 5 | 4 | 3 | 2 | 1 |
| 39. 漢字がわからないとき、教師や友達に聞く | 5 | 4 | 3 | 2 | 1 |
| 40. 漢字の読み方／振り仮名を書く | 5 | 4 | 3 | 2 | 1 |
| 41. 他の人と一緒に、漢字を勉強したり練習したりする | 5 | 4 | 3 | 2 | 1 |
| 42. 日本語の文章を声を出しながら読んで、練習する | 5 | 4 | 3 | 2 | 1 |

巻末資料 4　　　　　　　漢字学習ストラテジー・調査票（ネパール語）

खान्जीपद्दा तपाई कस्तो रणनीति अपनाउनु हुन्छ ?

कृपया आइटम १ देखि ४२ सम्म पढ्नुहोस् र निम्नबाट सब भन्दा उपयोगी विकल्पलाई गोलो लगाउनुहोस्।:

५=सँधै प्रयोग हुन्छ , ४=सामान्यतया प्रयोग हुन्छ , ३= फरक हुन्छ २=विरलै प्रयोग हुन्छ , १= कहिले पनि प्रयोग हुदैन

यदि तपाई यो बुझ्न सक्नुहुन्न भने १ देखि ४२ सम्मका वाक्यहरु पढेर कस्त रणनिति अपनाउनु हुन्छ?, कृपया ५ लाई गोलो लगाउनुहोस् (यसको कहिले प्रयोग हुदैन)

सँधै यसको प्रयोग हुन्छ⇔यसलाई कहिले पनि प्रयोग हुदैन

| | 5 | 4 | 3 | 2 | 1 |
|---|---|---|---|---|---|
| 01. तपाईले सिक्नु भयको खान्जी तथा शब्दहरुको तालिका बनाउनुहोस | 5 | 4 | 3 | 2 | 1 |
| 02. अर्थको आधारमा शब्दहरु समूह बनाई समझिनुहोस्। जस्तै : हप्ताका बारहरु | 5 | 4 | 3 | 2 | 1 |
| 03. ध्वनीको आधारमा खान्जीहरुलाई कन्ठ गर्नुहोस् | 5 | 4 | 3 | 2 | 1 |
| 04. नबुझेका र नसम्झेका खान्जी लाई पढेर अभ्यास गरौ | 5 | 4 | 3 | 2 | 1 |
| 05. खान्जीहरु क्रमबद्ध रुपमा अभ्यास गर्नुहोस् | 5 | 4 | 3 | 2 | 1 |
| 06. एऊटै आकार भयका खान्जीहरुलाई तुलनात्मक रुपमा अध्ययन गर्नुहोस् | 5 | 4 | 3 | 2 | 1 |
| 07. एऊटै आकार जोडीन आऊने खान्जीहरुलाई समूह बनायर अध्ययन गरौ | 5 | 4 | 3 | 2 | 1 |
| 08. शीक्षक तथा साथीहरुलाई नजानेका खान्जीहरु सोध्ने बानी बसालौ | 5 | 4 | 3 | 2 | 1 |
| 09. व्यक्तीगत तथा पुस्तकालयबाट खान्जीका पुस्तकहरु/श्रोत सामाग्रीहरु पढौ | 5 | 4 | 3 | 2 | 1 |
| 10. नबुझेको खण्डमा शब्दकोशको प्रयोग गरौ | 5 | 4 | 3 | 2 | 1 |
| 11. खान्जी मात्र नसम्झी त्यो भित्रका अर्थ र वाक्यांशहरु पनी सम्झौ | 5 | 4 | 3 | 2 | 1 |
| 12. खान्जीको अर्थ र शब्द पढ्ने शैली मीलाएर अभ्यास गरौ | 5 | 4 | 3 | 2 | 1 |
| 13. एऊटै उच्चारण गर्ने तरीकाले खान्जीको समूह बनाई अभ्यास गरौ | 5 | 4 | 3 | 2 | 1 |
| 14. खान्जीको ओन्योमी (चाइनीज उच्चारण ) र कुन्योमी ( जापानीज उच्चारण) एकै पटक पढौ | 5 | 4 | 3 | 2 | 1 |
| 15. खान्जी नबुझेको खण्डमा प्रसङ्गको आधारबाट खोजौ | 5 | 4 | 3 | 2 | 1 |
| 16. खान्जीको बीषय बस्तु आफ्नै शैलीमा सम्झेर अभ्यास गरौ | 5 | 4 | 3 | 2 | 1 |
| 17. खान्जीको आकार ऊस्तैदेखीने भयकाले नझुक्कीओ | 5 | 4 | 3 | 2 | 1 |
| 18. खान्जीको पढ्ने शैली र मातृभाषाको अर्थसंग जोडी अभ्यास गरौ | 5 | 4 | 3 | 2 | 1 |
| 19. पहीलो पटक देखेका खान्जीहरु तुरुन्त टीपोट गर्नुहोस् | 5 | 4 | 3 | 2 | 1 |
| 20. आफुले अध्ययन गरेका खान्जी बेला-बेलामा आफैलाई जाँच्ने गरौ | 5 | 4 | 3 | 2 | 1 |
| 21. पाठ्यपुस्तक वा तपाईको शीक्षक द्वारा प्रदान गरीएको कथाहरुको प्रयोग गरेर कोजीलाई याद गर्नुहोस् | 5 | 4 | 3 | 2 | 1 |
| 22. बारम्बार पाठ्यपुस्तक उदाहरण वाक्यहरु पढ्नुहोस् र सम्झनुहोस् | 5 | 4 | 3 | 2 | 1 |
| 23. तपाई आफ्ने खान्जी सिक्ने बारे सोच्नुहोस् | 5 | 4 | 3 | 2 | 1 |
| 24. भविष्यमा खान्जीआवश्यक पर्ने दृश्य कल्पना गरी अभ्यास गर्नुहोस् | 5 | 4 | 3 | 2 | 1 |
| 25. नर्या खान्जी र वर्णमाला लगायत आफ्नो मातृभाषाको आकारहरुको संयोजन गरी अध्ययन गर्नुहोस् | 5 | 4 | 3 | 2 | 1 |
| 26. बारम्बार शब्द र फल्यास कार्डको धेरै पटक अभ्यास गर्नुहोस् | 5 | 4 | 3 | 2 | 1 |
| 27. सकेसम्म खान्जी प्रयोग गर्नुहोस् (उदाहरणका लागि नोटहरु कक्षा, गृहकार्य, आदि) | 5 | 4 | 3 | 2 | 1 |
| 28. तपाईलाई खान्जी सूचीबद्ध गर्न चाहानु भयको लामो अवधिको लक्ष्यका बारे सोच्नुहोस् | 5 | 4 | 3 | 2 | 1 |
| 29. पटक पटक लेखी खान्जी सम्झनुहोस | 5 | 4 | 3 | 2 | 1 |
| 30. नर्या नीस्केका खान्जीहरु जापानीज लीपी को बनावट संग मीलाउनुहोस् | 5 | 4 | 3 | 2 | 1 |
| 31. खान्जीको बनावट पटक-पटक हेरी सम्झीने बानी बसालौ | 5 | 4 | 3 | 2 | 1 |
| 32. एऊटै खान्जीको प्रयावाची र बिपरार्थी अर्थको आधारमा खान्जी अभ्यास गरौ | 5 | 4 | 3 | 2 | 1 |
| 33. जापानीज पुस्तक, पत्रीका,टेलिभिजन,संगीत तथा अन्य संचारका साधनको प्रयोग गरी अभ्यास गरौ | 5 | 4 | 3 | 2 | 1 |
| 34. खान्जीको अर्थको आधारमा शब्दहरु संगठीत गर्नुहोस् | 5 | 4 | 3 | 2 | 1 |
| 35. मोबाईल,टेलिफोन र कम्प्युटरको प्रोग्राम सफ्टव्यर एप्लिकेशनमा खान्जीहरुको प्रयोग गरी अभ्यास गरौ | 5 | 4 | 3 | 2 | 1 |
| 36. वाक्य बनाई खान्जीको अभ्यास गरौ सम्झिने गरौ | 5 | 4 | 3 | 2 | 1 |
| 37. खान्जीको अभ्यास प्रत्येक दिन वा प्रत्येक हप्ता रुटीन बनायर गर्नुहोस् | 5 | 4 | 3 | 2 | 1 |
| 38. सम्झीन गाह्रो हुने खान्जीको लीष्ट बनायर अभ्यास गरौ | 5 | 4 | 3 | 2 | 1 |
| 39. नबुझेका खान्जी शिक्षक तथा साथीभाईहरु संग सल्लाह/सोध्ने गर्नुहोस् | 5 | 4 | 3 | 2 | 1 |
| 40. खान्जीलाई हेरेर अक्षर उच्चारण अनुसार खान्जीको शब्दहरुलाई लेख्नुहोस् | 5 | 4 | 3 | 2 | 1 |
| 41. अन्य जापानिज शिक्षकसंग खान्जी सिकौ र अभ्यास गरौ | 5 | 4 | 3 | 2 | 1 |
| 42. जापानीज भाषाका वाक्यहरु आवाज नीकाली पढ्ने अभ्यास गरौ | 5 | 4 | 3 | 2 | 1 |

第四部 研究報告

## 留学生による母国におけるボランティアの実践と課題
### —神戸ユネスコ協会青年部主催のネパール社会貢献活動を例にして—

安井裕司

## 1. はじめに

2018 年度において日本に滞在する留学生の総数が 298,980 人に至り、そのうち高等教育機関には 208,901 人が在籍している（日本学生支援機構, 2018）。日本の留学生の受け入れ数は、他の先進国と比較すると決して多くはないが[1]、日本国内においては 2011 年度の 163,697 人から 7 年間で約 13 万 5 千人増えており（同上）、著しい増加傾向にある。それに伴って、当然、留学生の社会における認識のされ方、大学における位置付けも大きく変化していると言える（安井, 2017b）。

特にボランティア活動においては大きな転換が生じている。従来、社会における留学生は、日本語や日本の事情に拙く、異文化からやってきた「お客様」扱いか、もしくは区別・回避される傾向が強く、日本人のボランティアから「助けられる」対象であったが、留学生の増加によって、同じ地域に住む住民の 1 人として地域ボランティアに積極的に参加し（松本, 2001:31-32）、「地域づくりの担い手」になる側に回るケースもみられるようになっているのである（松永, 2016:1）。

本論文では、このような留学生のボランティア活動へ参加実態を先行研究において捉えながら、2017 年 9 月に日本経済大学神戸三宮キャンパス・ユネスコクラブ所属の留学生が地元のボランティア組織である神戸ユネスコ協会[2]の一員としてネパールにおける社会貢献活動に参加した例を用いて、日本に学ぶ留学生の海外（日本国外）におけるボランティア活動について考察する。

その上で、この神戸ユネスコ協会によるネパールでの支援活動では、4 人のネパール出身の学生が参加しており、母国でのボランティア活動という別の要素が加わっていることに焦点を当てる。そして、日本に留学したネパール人が、日本の地域組織のプロジェクトとして、母国においてボランティアを行う際、どのような状況が生み出されるのかをインタビューを通じて明らかにし、留学生のボランティア活動の現段階における課題と可能性について論証することを目的とする[3]。

## 2. 先行研究のレビュー

留学生が地域社会の一員としてボランティアに従事するケースは、比較的新しい取り組みであり、現段階においてはそれを対象にした研究も殆ど行われていない（渡部, 2016:1；松永, 2016:2）。

少ない例としては、1998 年から行われてきた長崎大学医学部付属病院における同大への留学生（バングラデッシュ、ブラジル、ナイジェリア、インドネシア出身で男性 3 名、女性 1 名）によるボランティア活動の研究がある（松本, 2001）[4]。更に、2011 年の東日本大震災発生後、韓国からの留学生が仙台のボランティアセンターに登録し、20 日間、民家の泥出しの作業などに参加したケースや（許, 2011:13-15）、2016 年の熊本震災において、留学生をも加わる海外在住ネパール人協会（Non Resident Nepali Association）がネパール地震への日本からの支援に対する「恩返し」としてのボランティア活動を行ったことも報告されている（駐日ネパール大使館, 2016）。

　これらの留学生のボランティア活動において最大の壁は、日本語力と指摘されているが、逆に強みである留学生の母語能力を生かす形でのボランティア活動も行われている。

　例えば、2002 年 3 月に京都府向日市立向陽小学校第 6 学年の児童 76 名を対象に、中国からの留学生がボランティアとして中国語と日本語による情報用語を用いながら「国際理解教育」授業を実行したケースがある（熊・佐々木, 2002:81）。ボランティアとしてよりも、国際理解教育の実験の要素が強く、ボランティアをする側は研究対象とはされていないが、子供たちの国際理解意識の形成には、ボランティアを行う外国人そのものに対する親近感が第一に必要であるという結論を導いており（熊・佐々木, 2002:84）、どのように親近感を出すべきかを考えるヒントになっている。

　他には、2010 年から始まった大分県別府市の留学生による小学生への英語、中国語、韓国語の絵本読み聞かせのボランティア活動がある（工藤・佐藤・松浦・里中・小串・寺本・神野・上野, 2013 ; 里中・渕上, 2014）。そして、英語や中国語、韓国語を用いた読み聞かせは子供たちにとっても留学生にとっても文化交流の効果が大きいと結論付けられている（同上）。また、近年、日本では各地で日本語を母語としない児童が増えており、留学生が母語を用いてボランティアが行われてきた。福岡（2009）は、三重大学と京都外国語大学に在籍する留学生による、三重県鈴鹿市と松阪市に定住する外国籍の小学生への教育支援を調査している。それは、外国籍で日本に長期滞在する二世が抱える教育問題という新しい課題に対し、異国から日本の大学に学びに来た留学生が子供たちの母語（留学生の母語）であるポルトガル語、スペイン語、カタログ語、中国語を用いて、子供たちに夏休みの宿題を手伝うというユニークな試みを分析している[5]。

　このように留学生が母語を用いるボランティアは効果的ではあるとされるが、日本国内におけるミスマッチの課題がある。現在、日本国内の留学生の 40.2% が中国出身であり、23.1% がベトナム出身であり、中国とベトナム出身者で 6 割以上を占めている（日本学生支援機構, 2017）[6]。語学のバリエーションもしくは、また日本人が求める英語に対応でき

ない可能性が高く、結果として、大半の留学生にとって母語を活かすボランティア活動に参加する機会は多くはないのが現状であろう。

また、留学生側のボランティアに対する要望もある。麻生・松永（2014）は、ボランティアに参加する日本人大学生と留学生を比較し、地域社会と交流を深めたいという部分は共通しているが、日本人大学生は地域社会に存在する問題を共同作業で解決することで交流を図ろうとする傾向が強いのに対し、留学生は、日本語および日本文化学習を通して地域社会と交流することを求めているとしている。

上記の通り、留学生のボランティア活動に関する分析は十分に研究蓄積があるとは言えず、ボランティア自体の課題にも直面している。留学生30万人時代[7]において留学生の全体像が変化する中、実践的な提案を含んだ、今後の研究が待たれていると言えるであろう。

## 3. 日本経済大学ユネスコクラブの「2017年ネパール国際ボランティア」の実例

本稿では、前述の通り、日本の大学に在籍する留学生が、地域団体の一員として「国際ボランティア」に参加する例をテーマとする。日本経済大学神戸三宮キャンパス・ユネスコクラブ（神戸市中央区）は、留学生を中心に2013年末に同キャンパスにて創部された。2014年4月以降、同クラブの学生は全員、神戸市中央区に本部を置く神戸ユネスコ協会[8]の青年部の会員となり、以降、神戸地区を中心にボランティア活動に従事している[9]。神戸ユネスコ協会は、神戸市域の活動に限定せずに海外での支援活動も積極的に展開している。

2012年、同協会の加藤義雄会長を中心にカンボジアのコンポンチュナン州の貧困地域であるロミアス村に小学校（正式名ストイックアイトロミア小学校）を建設し、以降、会長、理事が毎年、1回から2回の1週間程の現地訪問を続け、「カンボジア国際ボランティア」を組織し、支援を継続している。日本経済大学ユネスコクラブの学生も2015年、2016年と神戸ユネスコ協会のカンボジア・プロジェクトにも加わり、2015年は留学生4名（中国国籍4名）、2016年は留学生6名（中国国籍4名、ベトナム国籍1名、モンゴル国籍1名）がカンボジアに赴いた（安井，2017a）。

この「カンボジア国際ボランティア」については、日本の大学に在籍する留学生が、日本の地域団体の一員として日本でも母国でもない第三国（カンボジア）においてボランティア活動に従事する点において、「留学生30万人」時代の一つの新たな挑戦であったと言える（安井，2017a:195）。しかし、以下の課題も残された（同上）。

（1）教育プログラムへの反映が不十分

（2）短期間であり、現地において参加学生にとって持続可能な活動になっていない

（3）資金面で学生に負担が大きい

これらの問題点を踏まえて2017年は、神戸ユネスコ協会の理事2名、神戸ユネスコ協会青年部会員11名（日本経済大学ユネスコクラブ10名、神戸大学大学院生1名の留学生）が、「2017年ネパール国際ボランティア」を企画し、ネパールの首都カトマンズ市及びバクタプール市での震災教育活動に従事した。

　ネパールを選んだ理由は、2015年の大地震で大きな被害を受けたネパールに対し、同じ震災の歴史を持つ神戸に住む留学生たちが、神戸の防災知識の一部でも伝えられるのではないかと想定し、ネパール人学生が4名参加したことから、ネパールという「異国」でのボランティア活動において言葉の壁をなくすことができるのではないかという点であった。更に上記の課題に答えるように目標を立てた。

（1）ネパール人学生が参加することで、訪問期間が短期であっても、持続可能な支援の筋道を構築する。

（2）教育プログラムとしては、出発の数カ月前から神戸市の避難訓練のパンフレットを例に、ネパール語の震災避難訓練マニュアルを作成する。

（3）ネパールでは実際に学校を訪れ（ユネスコスクールを訪問し）、子供たちと避難訓練を行う。

## 4.「2017年ネパール国際ボランティア」の詳細と分析

　神戸ユネスコ協会・日本経済大学神戸三宮キャンパス・ユネスコクラブが主催した「2017年ネパール国際ボランティア」は、本報告書の「第1部　ネパール国際ボランティア概要」（p.5-8）でも紹介しているように、2017年9月1日に出発して、9月8日に帰国する全8日間の日程であった。経由地でのトランジット泊、機内泊がそれぞれ1泊含まれるため、現地では首都カトマンズのタメル地区にあるホテルに5泊となっている。

　費用は、2人の理事と1人の学生はタイ航空を利用してバンコク経由で、食事代を除いた総額が約11万円、学生たちは中国南方航空を利用して中国雲南省経由の昆明ルートを通り、食事代を除いた総額が約7万円となっている。ルートが異なるため、9月2日に、宿泊先のホテルで集合した。

　参加者は合計13名であった。神戸ユネスコ協会の理事が2名、学生は11名（神戸大学と日本経済大学の留学生）によって構成されている（理事の1人は筆者である）。

　留学生の内訳はネパール国籍4名（男性4名）、ベトナム国籍3名（男性2名、女性1名）、中国国籍3名（男性1名、女性2名）、モンゴル国籍1名（女性）であり、神戸ユネスコ協会の理事の2人（男性1名、女性1名）は日本国籍であった。

　ボランティアの内容は大きく二つあり、一つは日本ユネスコ協会連盟が現地のNGOパー

第四部　研究報告

トナーであるNational Resource Centre for Non-formal Educationと共に運営する「寺子屋」（途上国における識字率向上のための社会人向けCommunity Learning Centers）[10]の視察と支援である。

　もう一つは、ユネスコスクールを中心とする現地の小学校、中学校、高校での避難訓練であった。ボランティアとして避難訓練を実施することは、ネパールの学校では避難訓練が行われておらず、2015年4月25日のネパール地震の際、学校で大きな被害が出たと聞き、日本型の避難訓練を伝えることができればと考えた。その事前準備として、ネパール語の避難訓練マニュアル（英題DISASTER PREVENTION ACTIVITIES MANUAL, 原題 प्राकृतिक प्रकोप र रोकथाम）を神戸ユネスコ協会青年部のネパール出身の留学生が中心になって作成し、現地に約50部を持参した。

　ここでは学生たちがより長期間準備した避難訓練ボランティアを中心に言及したい。

　ネパールにおける避難訓練は、チッタプール寺子屋に隣接するShree Deujagaun Elemnentary School（小学校）、バクタプール市Shree Baradayani Lower Secondary School（小学校）、カトマンズ市の4つのユネスコスクールNandi Secondary School、Mahendra Bhawan School、Galaxy Public School、Nandi Ratri secondary school（いずれも中高一貫校）で実施した。

　後述するように、基本的にネパール出身の留学生が、ネパール語で避難訓練の手順を説明し、子供たちにスムーズに情報が伝わり、言葉の壁を越えて避難訓練を実施することができた。日本において外国人がボランティアを行う場合、ボランティアをする外国人そのものに対する親近感が第一に必要であると認識されているが（熊・佐々木, 2002:84）、ネパール人の学生たちが私たちが訪れた学校において、ネパール語で話したことは、現地の子供たちに「親近感」を抱かせる効果となったであろう。

## 5.「2017年ネパール国際ボランティア」のアンケート調査の結果と考察

　ネパールから帰国後、ボランティアに参加した4人のネパール人学生に以下の質問をインタビュー形式で行った。ネパール人に限定した理由は、ネパール人留学生が母国で、他国出身の友人たちとボランティアに従事することが異例であり、どのようにボランティア活動を認識するかに注目したことがある。

　仮説としては、かつて、日本経済大学の中国人学生が母国の上海外国語大学において、法政大学の日本人学生と上海外国語大学の中国人学生と共に研究発表をした時の経験から、今回の「2017年ネパール国際ボランティア」においても、他のネパール出身以外の留学生と現地の人々の間に入り彼らのアイデンティティが「マージナル化」するのではないかと

いうものであった[11]。

　インタビュー調査の質問は以下の4つに設定している。結果を表1に示す。

質問①：今回ボランティアに参加してどう思ったか。
質問②：避難訓練は有効だったか。
質問③：もう一回やってみたいか（ネパールで、ネパール以外でも）。
質問④：多国籍での国際ボランティアについてどう思ったか。

【表1】ネパール人学生へのインタビュー結果

| | 質問① | 質問② | 質問③ | 質問④ |
|---|---|---|---|---|
| A君 | ボランティアとして友人たちと母国に帰って、いつもと違う感じがした。自分が知らない学校をいくつも訪問し、発見が多かった。 | 有効だったと考える。パンフレットを作っていったことは子供たちにも簡単に伝えられて良かった。 | 是非、続けてみたい。避難訓練だけでもなく、人工呼吸や心臓マッサージの方法なども伝えていければいいと思う。 | ベトナム人、中国人、モンゴル人の友人たちと行けて良かった。皆、経済的に大変なのにネパールに来てくれた。感謝している。 |
| B君 | 自分の国に大学の仲間と行き、ボランティアができて良かった。ネパールでは日本と比較すると貧しい学生が多く、残念に思ったが、現状を直視できたことは自分自身に勉強になった。 | とても有効だった。私たちが訪れたNandi Ratri secondary schoolでは、毎月、避難訓練を行っていると聞いている。素晴らしい訪問になった。 | 是非、継続したい。ネパールでは、この夏に昨年皆と訪れたNandi Ratri secondary school校を再訪する計画を立てている。 | ベトナム人やモンゴル人、中国人の友人たちがネパールを訪れてくれて良かった。ネパールの子供たちもいろいろな国の人に会えて勉強になったと思う。 |
| C君 | 2015年の地震で大きな被害が出ている。そんな（自分の母国の）ネパールでボランティアができてよかった。 | 大地震では多くの子供が犠牲になった。今回、子供たちに避難訓練ができて嬉しかった。 | 次に帰国する際、またユネスコスクールを訪問したい。特にNandi Ratri secondary school校。 | 皆、お金がないのに、バイトして旅費を貯めてネパールに来てくれた。有難いと思った。 |
| D君 | 日本に比較して貧しいが、ネパール人も勉強を頑張っている。仕事のためにネパール人も頑張っている。役立ちたいと思った。 | 有効だった。肉親を亡くした学生も沢山いるので、次の地震の際、このような犠牲を出さないためにも必要だと思う。 | ぜひやってみたい。ネパールでも、ネパール以外でも首都ではなく、田舎でボランティア活動をすべきだ。 | 色々な国籍の友達とネパールでボランティアをして、考え方が違って面白かった。これからも、活動を続けたい。 |

　上記の通り、母国でのボランティア活動に参加したネパール人学生は、概して好意的に経験を認識している。特に避難訓練に関しては、前もってネパール語の震災対策のパンフレットを作っていったことを彼らは評価している。そして、多国籍の友人たちが経済的に苦しい中、ネパールに来てくれたことを感謝している。このようにアイデンティティとしては、マージナル化が見て取れた。同時に、自分たちは母国を日本と比較して見つめ直す

第四部　研究報告

機会に恵まれたことを喜んでいる。ボランティアに関しては、日本帰国後も、ネパールの関係者と連絡を取っており、持続可能な方向に進んでいるといえる。何もよりも、ネパールでのボランティア活動、及び他国での国際ボランティアへの参加に全員が強い意思を抱いていたことは特筆すべきであろう。

## 6.　結論と今後の課題

　神戸ユネスコ協会の「2017 年ネパール国際ボランティア」は、ネパール人留学生が主体となっており、カンボジア人が皆無であった前年の同協会主催の「2014、2015 カンボジア国際ボランティア」とは異なる。

　学生自身が通訳できるため、より積極的に直接的にボランティア被対象者との情報のやり取りが可能であった。また、通訳代も必要とせず、土地勘もあり、移動のための車も比較的安価に手配ができるため、非常に経済的であった。また、ネパール人学生は、ボランティア終了後も現地の学校関係者と連絡を取っており、課題であったボランティアが持続可能となったとも言える。

　検討課題としてはコストの問題がある。食費を入れると 1 人 10 万円近くかかっており、コストの問題が解決したとは言えない。また、持続可能性に関しても、個人ベースの試みに限定されており、不確実性があることは否定できない。それに加え、ボランティアに参加したネパール人以外の留学生（ベトナム人、中国人、モンゴル人）が、「言葉の壁」の問題もあり、どうしてもサブ的な位置付けに甘んじてしまい、積極性に欠けてしまう傾向があった。

　しかし、それでも、日本の増加する留学生が、母国で日本の地域ボランティア組織（神戸ユネスコ協会）の一員としてボランティア活動に従事することは今までになかった展開であり、十分、着目に値すると考える。

　国際貢献という視点からも、留学生の母国におけるボランティア活動は今後、より重要視されるべきであろう。アジアにおける旧発展途上国は、近年、急激に経済成長を遂げている。ネパールも例外ではなく、2018 年、同国の 1 人当たりの GDP が初めて 1,000 米ドルを超え（World Bank, 2018）、依然として周辺国よりも比較的緩やかではあっても、着実に成長の道を歩んでいる。一方で、日本はバブル経済崩壊後、経済的停滞が問われてから久しい。

　今後、日本からも財政支援中心から交流を中心とする知識の伝達に「支援」の形式が変容するならば、日本に学び、現地事情に通じる留学生はますます重要な役割を担うことになるのであろう。

## 注

[1]  2013 年において日本の高等教育機関に在籍する留学生の割合は、全世界の留学生の 3%にしか過ぎず、米国の 19%、英国の 10%、フランスの 6%、ドイツの 5%と比較しても少ない（OECD, 2015:365）。

[2]  神戸ユネスコ協会は 1947 年 12 月 11 日に設立されている（神戸ユネスコ協会, 2018）。日本では仙台ユネスコ協会、京都ユネスコ協会等と共に最も古い民間ユネスコ協会の一つである。日本経済大学ユネスコクラブは 2013 年に神戸キャンパスで創設され、グラブ会員の全員が地元のユネスコ協会である神戸ユネスコ協会青年部に参加することになっている。

[3]  本稿は安井（2019）の転載であるが、一部を加筆修正したものである。

[4]  松本（2001:38）は、留学生が日本人の患者と交流することによって、①「自分が誰かの役に立っているという実感」、②「日本語でコミュニケーションをとることでの自信」、③「患者との信頼関係を得ることで新しい人間関係」などが得られると指摘している。

[5]  また、多原（2011）は、同じく三重大学で、自ら在日ブラジル人の小学生、中学生、高校生の学習教育を行う「ジョイア」という学習サークルに在籍して、ポルトガル語を用いてボランティア活動に従事したことを対象として分析している。

[6]  近年、日本企業のベトナムへの直接投資が増加し、ベトナムで日本語ブームが生じ、留学生が増加している（安井, 2015）。

[7]  文部科学省（2008）は 2008 年 7 月 29 日に「留学生 30 万人計画」発表して、2020 年までに 30 万人受け入れを目標にしている。

[8]  神戸ユネスコ協会は、日本ユネスコ協会連盟に加盟する民間ユネスコ協会の一つである。2017 年 4 月現在、全国約 283 のユネスコ協会が存在している（日本ユネスコ協会連盟, 2017）。

[9]  例えば、2017 年は、神戸国際交流フェア 2017 会場ボランティア（3 月）、第 47 回みとこうべ海上花火大会・清掃ボランティア（8 月）、2017 平和の鐘を鳴らそう運動・神戸湊川公園（8 月）等のイベントに参加している。

[10]  「寺子屋運動」は、1990 年から始まった日本ユネスコ協会連盟の途上国支援のプロジェクトであるが（国際識字年記念"世界寺子屋運動"NGO フォーラム名古屋・1990 実行委員会, 1991：139-158）、その名の通り、日本の江戸時代における庶民の教育機関である「寺子屋」から名付けられたものである（National Federation of UNESCO Associations in Japan, 2005:20；日本ユネスコ協会連盟, 2004:13；2005:21；2006:3-5；富岡, 2013:67）。

[11]  2015 年 9 月 16 日、中国・上海の上海外国語大学松江キャンパス第 8 教学棟にて、法政大学社会学部の学部学生 10 名、上海外国語大学日本文化経済学院の学生 5 名、日本経済大学神戸三宮キャンパスの学部学生 3 名（聴講参加を加えると計 6 名）が「グローバル化と東アジア」をテーマに日頃の研究成果を日本語で発表した（安井, 2016）。日本経済大学の 3 名は日本に学ぶ中国人留学生であり、母国の上海外国語大学で発表することになったが、日本人留学生と中国人留学生の間に入り、マージナル化する状況が生じた（安井, 2016:305）。


**参考文献・参考資料**

麻生迪子・松永典子（2014）「日本人大学生の社会参加への意識:キャンパス周辺に居住する「生活者」

としての外国人との比較から」『地球社会統合科学』（21-1・2），pp. 59-71.

工藤萃明・佐藤則好・松浦倫・里中玉佳・小串ナナ子・寺本真悠子・神野未翔子・上野千種（2013）「留学生の絵本読み聞かせボランティア活動の報告」『別府溝部学園短期大学紀要』（33），pp. 121-129.

熊安娜・佐々木真理（2002）「中国語と日本語を用いた情報用語の学習による児童の国際理解意識の形成」『日本教育情報学会』（18），pp. 81-84.

神戸ユネスコ協会（2018）「神戸ユネスコ協会について」＜http://www.unesco.or.jp/kobo/about.html＞（2019 年 8 月 31 日閲覧）.

国際識字年記念 "世界寺子屋運動" NGO フォーラム名古屋・1990 実行委員会（1991）『すべての人に教育を：国際識字年記念 "世界寺子屋運動" NGO フォーラム名古屋・1990 報告書』，中央出版株式会社.

里中玉佳・渕上裕賢（2014）「留学生の絵本読み聞かせボランティア活動の報告」『別府溝部学園短期大学紀要』（34），pp. 53-57.

多原明美（2011）「留学生体験やボランティア活動を通してみた外国人生活者のニーズ」，『都市住宅学』（74），pp. 36-41.

駐日ネパール大使館(Embassy of Nepal Japan)（2016）「在日ネパール人による感謝と追悼セレモニー～新宿、名古屋、難波、博多など全国 26 カ所で開催～」，2016 年 5 月 25 日，＜http://snowdolphins.sakura.ne.jp/sblo_files/snowdolphins/image/thankyoujapan.pdf＞（2019 年 8 月 31 日閲覧）.

富岡守（2013）「寺子屋師匠はボランティア」『新島学園短期大学紀要』（33），pp. 67-95.

日本学生支援機構(2018)「平成 30 年度外国人留学生在籍状況調査結果」＜https://www.jasso.go.jp/sp/about/statistics/intl_student_e/2018/index.html＞（2019 年 8 月 31 日閲覧）.

日本ユネスコ協会連盟（2004）「寺子屋レポート 2004」社団法人日本ユネスコ協会連盟.

日本ユネスコ協会連盟（2005）「寺子屋レポート 2005」社団法人日本ユネスコ協会連盟.

日本ユネスコ協会連盟（2006）「寺子屋レポート 2006」社団法人日本ユネスコ協会連盟.

日本ユネスコ協会連盟（2017）「日本ユネスコ協会連盟について」＜http://unesco.or.jp/unesco/nfuaj/＞（2019 年 8 月 31 日閲覧）.

福岡昌子（2009）「「実践：日本語教育 1&2 2007」企画実施報告（2） 2.『夏休みの宿題の助っ人--留学生の母語による学習支援』」『三重大学国際交流センター紀要』（4），pp. 49-65.

許真（2011）「ボランティア 今できること」『アジアの友』（2011 年 4-5 月号, 第 490 号），pp. 13-15.

松永典子（2016）「留学生はボランティア活動をどう意味づけているのか：地域社会参加, キャリア形成と

の関連から」『地球社会統合科学』(23-2)，pp. 1－11.

松本久美子（2001）「ボランティア活動を通しての主体的な地域社会参加の試み：留学生による病院での
　　ボランティア活動を事例として」『広島大学留学生教育』(5)，pp. 31-40.

文部科学省（2008）「「留学生30万人計画」骨子」2008年7月29日
　　＜http://www.kantei.go.jp/jp/tyoukanpress/rireki/2008/07/29kossi.pdf＞（2019年8月31日
　　閲覧）.

安井裕司（2015）「日本への留学生トレンドの変動：日越経済関係の変化とベトナム人留学生の増加」
　　『日本経大論集』(44-2)，pp. 89-99.

―――――（2016）「「国際合同ゼミ合宿・国際研究発表会」の考察－多国籍に跨る学部学生による国際交
　　流－」『日本経大論集』(45-2)，pp. 295-307.

―――――（2017a）「留学生による国際ボランティア活動・スタディツアーの考察－日本経済大学ユネス
　　コクラブの留学生による「カンボジア国際ボランティア」－」『日本経大論集』(46-2)，pp. 184-197.

―――――（2017b）「大学のグローバル化と日本の留学生政策」『実践経営学研究』(9).

―――――（2019）「留学生による母国における国際ボランティアの可能性と課題－日本経済大学ユネスコ
　　クラブのネパールにおける社会貢献活動を例にして」『日本経大論集』(48-2)，pp. 107-115.

渡部留美（2016）「留学生支援における大学と地域ボランティアの連携に関する一考察」，『留学生教育』
　　(21)，pp. 1-7.

National Federation of UNESCO Associations in Japan (2005). *Terakoya Report 2005*, Tokyo :
　　National Federation of UNESCO Associations in Japan.

OECD (2015) .*Education at a Glance 2015: OECD Indicators*, OECD Publishing.

World Bank (2018) "Nepal GDP per capita (current US$)"
　　＜https://data.worldbank.org/indicator/NY.GDP.PCAP.CD?locations=NP＞(31 Auguat 2019
　　accessed).

**第五部　避難訓練マニュアル（ネパール語）**
★編集上の都合により実際の印刷物と異なっている。

第五部　避難訓練マニュアル（ネパール語）

# DISASTER PREVENTION ACTIVITIES MANUAL

## प्राकृतिक प्रकोप र रोकथाम

**The Kobe UNESCO Association Youth**

**Japan University of Economics, UNESCO Club**

DISASTER PREVENTION ACTIVITIES MANUAL

（Nepalese）

1 September 2017

The Kobe UNESCO Association
C/O Board of Education Secretariat, Kobe-City
6-5-1 Kanō-chō Chuō-ku Kobe-shi, Hyōgo-ken,
650-8570, Japan

The Japan University of Economics UNESCO Club
C/O The Japan University of Economics, Kobe Campus
4-4-7 Kotonoo-chō Chuō-ku, Kobe-shi
Hyōgo-ken, 651-0094 Japan

Editors: Yoshiko Mori, Hiroshi Yasui, Tamang Raju,
          Rabindra Kandel, Xiaoya Wen

Iwasaki Shuppan Ltd.　Kobe, Japan

कोबे देखि नेपालीहरुको लागी

हामी जापान यूनिभर्सिटी इकोनोमिक्स गूनेस्को क्लब,कोबे यूनेस्को संघ मार्फत जापानको कोबेमा सामाजिक कार्यमा पनि सक्रिय भई लागि परिरहेका छौं। कोबे शहरमा लगभग २० वर्ष अगाडी१९९५/०१/१७ तारिख निकै शक्तिशाली ७.३म्याग्निच्युट को भूकम्प गएको थियो।

२ जना वेपत्ता,४३७५२ जना घाइते र ६४३५ जनाको मृत्यु भएको थियो। यस कालो दिन २० वर्ष पुगिसकेको छ। प्राकृतिक प्रकोप कहिले आउंछ भन्ने कुरा थाहा नभएतापनि कोबे शहरमा बसोबास गर्ने मानिसहरुलाई त्यस कालो दिनले बिर्सनै नसक्ने पाठ सिकाएको छ।

त्यस घटना आफैले पनि सामना गर्नु भएको कारण, कोबे यूनेस्को संघमा आवद्ध योसिको मोरि (Ms Yoshiko Mori) ज्यू ले कोबेमा अध्ययनरत नेपाली विद्यार्थीहरु मार्फत नेपाल र नेपालीहरुलाई मध्यनजर गर्दै यो पुस्तक बनाउन निकै सहयोग गर्नुभएको छ।

२०१५ मा नेपालमा पनि निकै शक्तिशाली भूकम्प गएको थियो।जसको कारण धेरै जनाले ज्यान गुमाउनुको साथै धनजनको क्षती भएको थियो। अगामी दिनहरूमा त्यस्ता प्राकृतिक प्रकोपहरु आएमा,सबै एकजुट भई लाग्न सके केहि हदसम्म सबैलाई मदत मिल्नेछ।

2017/9/1

जापान यूनिभर्सिटी इकोनोमिक्स

प्रोफेसर:Hiroshi Yasui

जापान यूनिभर्सिटी इकोनोमिक्स यूनेस्को क्लब

अध्यक्ष: Tamang Raju

## विद्यालय मा भएको बेला भुकम्प आएमा के गर्ने ?

**टेबुल मुनी बस्ने**

शिक्षक को कुरा सुन्ने - शिक्षक को पछी लागेर हिड्ने

सबै जना एकै ठाउँ मा मिलेर बस्ने    - नभाग्ने    - अरुलाई नधकल्ने    - शिक्षक को कुरा सुन्ने

## खोला पहाड भएको ठाउँ मा नजाने

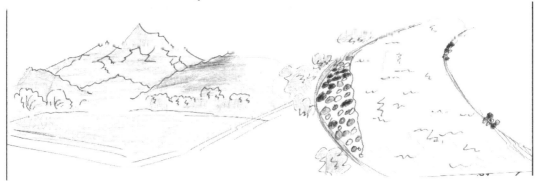

## कक्षा कोठा भित्र फेरी फर्केर नजाने

## घर मा भएको अवस्था मा भुकम्प आएमा के गर्ने ?

सुतिरहेको बेला मा भुकम्प ले हल्लाए मा बेड् को छेउ मा घोप्टो परेर बस्ने

सबै भन्दा पहिले आफ्नो टाउको को सुरक्षा गर्ने

टेबुल मुनी बस्ने |

भुकम्प रोकिए पछि बिजुली र ग्यांसको सिलिन्डर बन्द गर्ने

-घर बाहिर नीस्कने

80

## 第五部　避難訓練マニュアル（ネパール語）

आगलागी भएमा धुवाँबाट बच्न माक्स प्रयोग गर्ने ।

—लिफ्ट नचढ्ने ।
—भर्याङ्गबाट तल ओर्लेर बाहिर निस्कने ।

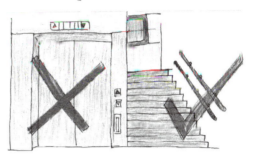

### साँघुरो ठाउँ तिर नजाने ।

### खुलाठाउँमा जाने

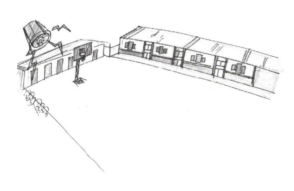

## घर मा फर्केर नजाने

## घर मा एक्लै भएको बेला भुकम्प आएमा के गर्ने ?

- सबै भन्दा पहिले आफ्नो टाउको को सुरक्षा गर्ने
- घर बाहिर नीस्कने

### आफु भन्दा ठुलो मान्छे को सम्पर्क मा रहने

## भुकम्प आउनु भन्दा पहिले यी सर-सामान तयारी राखौं।

# Greeting from the Kobe UNESCO Association

We are very glad to share our knowledge on earthquake disaster prevention activities for with our friends in Nepal. This short pamphlet was translated and created by the youth members of the Kobe UNESCO Association and the students and staff of the UNESCO Club of the Japan University of Economics, Kobe Campus.

We wanted to share with our friends in Nepal of the lessons learned by Kobe through its earthquake disaster. We hope that this will lead to our greater friendship and further action on disaster prevention in Nepal.

The Chairman of the Kobe UNESCO Association

Yoshio Kato

The Board Member of the Kobe UNESCO Association
Professor of Japan University of Economics, Kobe

Hiroshi Yasui

**Photographs:** Hiroshi Yasui
**Illustrations:** Xiaoya Wen and others.

**References**
Kobe-shi Kyōiku Iinkai (ed.) (1995) *Shiawase hakobō: Shōgattsukō1,2,3 nen yō*　Kobe: Kobe-shi　Supōtsu Kōsha
Kobe-shi Kyōiku Iinkai (ed.) (1995) *Shiawase hakobō: Shōgattsukō 4,5,6 nen yō* Kobe: Kobe-shi　Supōtsu Kōsha

**Editors**

Yoshiko Mori (The Board Member, Kobe UNESCO Association)

Hiroshi Yasui (Professor, Japan University of Economics / Kobe UNESCO Association)

Tamang Raju (Japan University of Economics, UNESCO Club / Kobe UNESCO Association Youth)

Rabindra Kandel (Japan University of Economics, UNESCO Club / Kobe UNESCO Association Youth)

Xiaoya Wen (Japan University of Economics, UNESCO Club / Kobe UNESCO Association Youth /University of London)

**Cooperative Staff**

Davaadorj Enkhtsetseg (Japan University of Economics, UNESCO Club / Kobe UNESCO Association Youth)

Kou Tajima (Japan University of Economics, UNESCO Club / Kobe UNESCO Association Youth)

Magar Bahadur Lil (Japan University of Economics, UNESCO Club / Kobe UNESCO Association Youth)

Padhya Dharma Raj (Japan University of Economics, UNESCO Club / Kobe UNESCO Association Youth)

Nyure Suman (Japan University of Economics, UNESCO Club / Kobe UNESCO Association Youth)

Ayaka Furusawa (Japan University of Economics)

Ai Mitsuba (Librarian, Japan University of Economics)

Azusa Ouchi (Librarian, Japan University of Economics)

Minami Onishi (Administrative Staff, Japan University of Economics)

# クロスロードとしての国際ボランティア：カトマンズから2年を顧みて

神戸ユネスコ協会理事・日本経済大学教授　安井裕司

　「2017年ネパール国際ボランティア」から2年間経ちました。今回、ネパール訪問から2年後にこのような形で報告書を出版できましたことを嬉しく思います。

　国際ボランティアに参加した10名の神戸ユネスコ協会青年部の学生たちの半数は、既に卒業し、2人が大学院に進学し学業を続け、3人が日本で就職し社会人として活躍しています。在学中の5名の学生も、3年生、4年生となり、学業に励みながらリーダーとしてユネスコ活動に励んでいます。

　それぞれの人生に2017年9月のネパール国際ボランティアがどれ程影響を与えたかは分かりませんが、カトマンズでの1週間がそれぞれの人生に少なからずのインパクトがあったのではないかと考えています。

　「第3部　学生による研究概要」にてダルマ・ラズさんが書かれているユネスコスクールの国際交流の報告にもありますように、私たちだけではなく、私たちがネパールでお会いした方々の人生も2017年9月の国際ボランティアをきっかけに多少なりとも影響があったのではないでしょうか。

　そう考えますと、クロスロードのように皆の人生が2017年9月のカトマンズで交差していたのかもしれません。

　民間ユネスコ活動とは何かと問われることが多々あります。「ユネスコ憲章の平和の精神に基づく、ボランティア活動」と答えるのが正解ではありますが、平和とは唱えるだけで作り出されるものではありません。

　平和とは国内外を問わず、人と出会い、人と協力し、一緒に創り出していかなければならないものなのではないでしょうか。価値観の違いから、時には言い争うこともあるかもしれませんが、人生のどこかで出会わないことには何も始まらないのです。

　そのような意味で、国際ボランティアの最大の利点は、活動を通じて様々な人と「出会う」ことです。カトマンズの秋から2年間、「出会う」ことで学び、成長させて頂いた時間であったように思えます。

　最後に、この国際ボランティアの企画が、森佳子先生のご提案から始まっていることを記し、お礼申し上げたいと存じます。そのため、サポート役に徹してくださった陳先生に

も感謝致します。そして、何よりも参加した 10 名の学生たちの積極性を評価しなければなりません。

　更に常に青年部の活動を側面からご支援を頂いております神戸ユネスコ協会の理事の皆様、ネパールで展開されている「寺子屋」をご紹介下さった日本ユネスコ協会連盟の皆様、ユネスコスクールの担当者をご紹介下さった文部科学省国際統括官付ユネスコ振興推進係の皆様に心からお礼を申し上げます。

　今後とも、時間と空間のクロスロードを求めて神戸ユネスコ協会の青年たちと共に、神戸そして世界を歩みたいと願っております。

# 編者紹介

### 安井裕司（やすいひろし）

英国バーミンガム大学博士課程修了。博士（Political Science and International Studies）。法政大学国際日本学研究所客員研究員、早稲田大学エクステンションセンター講師等を経て、日本経済大学教授。2014 年 4 月から神戸ユネスコ協会理事。

### 陳秀茵（ちんしゅういん）

神戸大学大学院人文学研究科博士後期課程修了。博士(学術)。日本語及び日本語教育専攻。日本経済大学非常勤講師を経て、日本経済大学専任講師。2018 年 4 月から神戸ユネスコ協会青年部担当理事。

### 森佳子（もりよしこ）

大阪教育大学教育学部教育学科卒業。大阪市公立小学校校長、全日本小学校道徳教育学会副会長、近畿小学校道徳教育研究会会長を歴任。大阪芸術大学、甲南女子大学における教育学関連科目の非常勤講師を経て、現在、日本経済大学非常勤講師。2013 年から神戸ユネスコ協会理事。

**JCOPY** 〈㈳出版者著作権管理機構 委託出版物〉

本書の無断複写（電子化を含む）は著作権法上での例外を除き禁じられて
います。本書をコピーされる場合は、そのつど事前に㈳出版者著作権管
理機構（電話 03-3513-6969、FAX 03-3513-6979、e-mail: info@jcopy.or.jp）
の許諾を得てください。
また本書を代行業者等の第三者に依頼してスキャンやデジタル化するこ
とは、たとえ個人や家庭内での利用であっても著作権法上認められてお
りません。

---

### 防災、教育、民族からみた
### 多相なるネパール
－神戸ユネスコ協会・2017年ネパール
　国際ボランティアー

---

2019 年 10 月 15 日　初版発行

---

編 著 者　　安井裕司・陳　秀茵・森　佳子

---

発　　行　　**ふくろう出版**
　　　　　〒700-0035　岡山市北区高柳西町 1-23
　　　　　　　　　　　友野印刷ビル
　　　　　TEL：086-255-2181
　　　　　FAX．086-255-6324
　　　　　http://www.296.jp
　　　　　e-mail：info@296.jp
　　　　　振替　01310-8-95147

---

印刷・製本　　友野印刷株式会社
ISBN978-4-86186-767-5　C3036
Ⓒ 2019

定価は表紙に表示してあります。乱丁・落丁はお取り替えいたします。